非洲译丛

"十二五"国家重点出版物出版规划项目

赞比亚的风俗与文化

〔英〕斯科特·D.泰勒　著

曾芳芝　李杭蔚　译

民主与建设出版社

·北京·

© 民主与建设出版社，2018

图书在版编目（CIP）数据

赞比亚的风俗与文化 / （英）泰勒著；曾芳芝，李
杭蔚译. —北京：民主与建设出版社，2018.12
ISBN 978-7-5139-0842-9

Ⅰ.①赞…　Ⅱ.①泰…　②曾…　③李…　Ⅲ.①赞比亚
—概况　Ⅳ.①K947.3

中国版本图书馆 CIP 数据核字（2015）第 246506 号

Culture and Customs of Zambia
© Scott D. Taylor
Translated from the English Language edition of Culture and Customs of Zambia by Scott D.
Taylor, originally published by Greenwood, an imprint of ABC-CLIO, LLC, Santa Barbara,
CA, USA. Copyright © 2006 by the author(s). Translated into and published in the Simplified
Chinese language by arrangement with ABC-CLIO, LLC. All rights reserved.
Simplifted Chinese edtion copyright: 2015 DEMOCRACY & CONSTRUCTION PRESS
All rights reserved.

版权登记号：01-2015-7279

赞比亚的风俗与文化
ZAN BI YA DE FENG SU YU WEN HUA

出　版　人　李声笑
著　　　者　（英）斯科特·D.泰勒
责任编辑　王　颂
封面设计　逸品书装
出版发行　民主与建设出版社有限责任公司
电　　话　（010）59417747　59419778
社　　址　北京市海淀区西三环中路 10 号望海楼 E 座 7 层
邮　　编　100142
印　　刷　北京文昌阁彩色印刷有限责任公司
版　　次　2018 年 12 月第 1 版
印　　次　2018 年 12 月第 1 次印刷
开　　本　880 毫米 × 1230 毫米　　1/32
印　　张　7
字　　数　151 千字
书　　号　ISBN 978-7-5139-0842-9
定　　价　42.00 元

注：如有印、装质量问题，请与出版社联系。

出版说明

　　中国与非洲相距遥远，但自古以来，两地人民就有了从间接到直接、从稀疏到紧密的联系，这种联系增进了两地人民的沟通与了解，为两地的发展不断发挥着作用。特别是20世纪中叶以来，因为共同的命运，中国和非洲都走上了反殖民主义革命与争取民族独立的道路，中非之间相互同情、相互支持，结下了深厚的友谊。迈入新世纪以来，随着我国经济的发展，中非经贸关系日益深入，及时了解非洲的政治、经济、法律、文化的情况当然也就具有十分重要的现实意义。

　　有感于此，我社组织翻译出版这套《非洲译丛》，所收书目比较全面地反映了非洲大陆的政经概貌以及过去我们很少涉及的一些重要国家的情况，涵盖多个语种，具有较强的系统性和学术性，意在填补我国对非洲研究的空白，对于相关学术单位和社会各界了解非洲，开展对非洲的研究与合作有所帮助。

　　译丛由北京大学、中央财经大学、浙江师范大学、湘潭大学等国内非洲研究的重镇以及国家开发银行、中非基金等单位组织，由非洲研究专家学者遴选近期国外有关非洲的政治、经济、法律等方面有较大影响、学术水准较高的论著，汇为一编，涵盖政治、经济、法律等七个方面的内容，共约 100 种图书。

对于出版大型丛书，我社经验颇乏，工作中肯定存在着一些不足，期待社会各界鼎力支持，共襄盛举，以期为中非合作做出贡献。

民主与建设出版社

2014 年 8 月

目录

1 | 前言

1 | 致谢

1 | 大事记

1 | 1. 简介：土地、人民及历史

30 | 2. 宗教与世界观

49 | 3. 文学和媒体

72 | 4. 艺术、建筑和住房

89 | 5. 美食和传统服饰

108 | 6. 性别角色、婚姻和家庭

132 | 7. 社会习俗和生活方式

155 | 8. 音乐和舞蹈

167 | 术语表

174 | 部分参考书目

189 | 索引

201 | 译者的话

205 | 第四方译者

前　言

　　赞比亚在非洲脱颖而出，因为它是非洲大陆最和平的国家之一。在其早年作为一个独立的国家，赞比亚成为抵御帝国主义与殖民统治和南非的种族隔离的前沿阵地。如今，在过去的十五年里，赞比亚是非洲民主化进程中一个重要的典范。这个国家取得了令人难以置信的成功，也经历了许多巨大的挫折。该国也是撒哈拉以南非洲地区城市化程度最高的国家。该国从被殖民时期就开始城市化，从赞比亚铜矿带的中央矿业地区开始。由于城市的汇集作用，赞比亚各个少数民族频繁交流。此外，许多当代赞比亚家庭，尤其是在城市，也开始接触媒体、高科技和西化的城市文化，有网咖，有嘻哈乐。换句话说，传统观念与现代观念冲突并且以有趣的方式在当代赞比亚结合。你无需惊讶，来自不同的学科的学者们一直着迷于赞比亚的政治、经济、社会发展经验和挑战等，想要弄明白这些原因，因为这个国家提供了独特的视角并为非洲其他国家提供许多借鉴。这本书探讨了赞比亚的文化，着眼于它的历史经验和特殊的禀赋。它关注赞比亚传统与现代如何互动，有时是如何碰撞。

在赞比亚 73 个少数民族社区中，我们已经调查了赞比亚几个主要民族，为读者呈现由多少赞比亚人生活着并且试图应对这个日新月异的国家所面临的压力。如上所述，城市环境促进了传统与现代的融合，不同群体在社会、语言方面得以相互融合，不同专业和背景的人也杂糅在城市中。因此，赞比亚城市地区的风俗日益同质化并且同质到了一个重要的程度。本人努力指出：那些在城市或者农村地区保存完好的传统习俗不只在某个特殊群体里存在，同时也代表了其他民族共享的一些风俗。

接下来的章节将展示，各种各样的地理、历史、文化和政治影响对赞比亚文化与风俗的影响。有趣的是，文化和习俗都发生深刻变化，同时也表现了传统连续的重要性。人们穿梭于不同城市间，通常为了寻找就业机会，与西方思想接触越来越多，受到影响也越来越深刻。赞比亚最近过渡到一个更加民主的政府形式，增加了社会互动和公共表达的机会。赞比亚基本上具有"赞比亚人"的特点。然而，在某种意义上，赞比亚公民作为一个整体在该区域及其非洲是独一无二的，自有其特点。

今天在赞比亚、非洲大部分地区，不仅传统与现代并存，而且是现代变得彻底内化，传统也随之改变和适应。因此，尽管许多章节和标题分为传统和现代的类别，读者应该意识到这是在许多方面，一个错误的二分法。事实上，这在很大程度上是美国或者至少西方化的方法，将现代生活概念化。一个人所看到的应该是一个独特的赞比亚，结合本国的政治、宗教和社会关系等等要素。文化，从本质上是流动的。所以在赞比亚，

人们由于接触不同群体和不同的习俗，乐于采用新的习俗和有
了新的特点。西方和其他非赞比亚符号通过旅行、音乐、电视
和艺术等已展现。一些文化习俗消亡或者从记忆中淡去，同时
一些长期蛰伏的文化习俗复兴了，点燃了赞比亚人的身份认同
感，比如隆达人的乌姆图姆博克。

　　同样，由于国家身份意识的彻底贯彻，赞比亚本国的特殊
规范也得以共享。虽然这个身份原本是殖民主义人为强加的，
一种对赞比亚人的集体称谓罢了。这种捏造的集体身份，后来
成为卡翁达总统和后殖民政府统治的必要。事实上，在前殖民
时期，洛奇人对本巴人所知甚少。如今，他们可以频繁地在社
交、经济和政治论坛上互动。

　　最后，文化与习俗融合的例子比比皆是。内赞比亚以及介
于赞比亚和西方传统落实之间，基督教是无处不在的，尽管它
包含了一些本土传统，英语是许多中产阶级城市儿童的第一语
言；以前传统的秘密婚礼仪式现在一般可以用现代设备捕捉
到，并用视频记录下来；城市尼昂加人的方言和本土语言越来
越与英语单词接近，形成新的语言模式；人们开始接纳少数民
族文化活动，并对其进行修改或者与其他活动相结合。比如，
婚礼习俗阿迈特贝特，作为赞比亚文化传统也是本巴族的传
统。简而言之，这些新的习俗、习惯实际上是传统——因此彻
底融入该国文化，并且文化也在适应该习俗。这些问题使赞比
亚的文化和习俗的研究如此引人注目，如此变化多姿。

致　谢

　　这个项目得益于许多人的付出与支持。首先，我要感谢教授托英法洛拉邀请我来参与这套"非洲文化与习俗"系列图书的撰写，也感谢他一路上给我的鼓励，给出有益的评价。也感谢格林伍德出版社的高级编辑邓文迪·斯池纳弗从一开始就巧妙而耐心地指导我。当我偶尔错过了最后期限，她还十分有耐心。这一点，我十分欣赏。我还特别感谢她愿意积极提供反馈，尽管我破坏了她的计划。同时，也感谢格林伍德的凯特林·卡梅洛一直监督到最后一章，看着手稿完全完工。与他们一同合作此书，甚是荣幸。

　　当然，如果没有肯记·奇祖卡和尼克·莫林这两位乔治敦的学生，本书的完成将困难重重。他们俩帮助我追踪了几个特别难以捉摸的事件的来源，也协助做了一些特别的研究。我还要感谢我的朋友丽丝·瑞克纳博士。她是当代赞比亚政治研究最重要的专家之一，感谢她与我分享了许多宝贵见解。我们之间进行了长达十年的大信息量、发人深省的讨论，帮助我建立了对赞比亚政治和社会的理解。非常感谢南希·琼龚·库拉博士，她总是很乐意提供帮助，尤其在解读本巴族的故事和表达时帮助良多。我特别要感谢希拉里·穆勒加·弗菲。她之所以如此了解赞比亚的历史和文化传统，完全出于自己对他们的保护之心。她给我提供了许多赞比亚的资料，还有一些十分有价值的资料。这些资料都是从她作为一个积极分子，一位有数十年经验的赞比亚顾问和专员，通过丰富的洞察力得来的。

在过去十五年中，从学术和个人角度上来说，我有幸结识了许多赞比亚人，参与了许多传统文化活动。我已经旅行过全国各个地方，亲眼目睹和经历了许多习俗与传统，正如这本书中描述的新的或旧的传统。我要将最深沉的感谢致以赞比亚人民。感谢他们这些年以来慷慨地欢迎我深入了解他们的生活点滴。

最后，我要感谢家人给我的关爱和支持。感谢我的妻子，普里西拉·穆特姆巴。她不仅仅是一位妻子，还帮我点评了几个章节的内容。我的两个年幼的儿子，奇拉莫·穆特姆巴和查丽·穆勒加，容忍我太多次不能陪伴在他们身边。我希望在不远将来的某个夜晚，那时他们也都老了，当他们也读到这本书的致谢时，愿意忽视他们的父亲曾经无数次的缺席陪伴。

大事记

1100 年　班图人迁移，取缔山族土著人。

1200 年　汤加和伊拉人民从东部迁移。

1500~1750 年　卢巴人遗留和从刚果迁移到赞比亚的隆达帝国，新的王国成立，本巴人、比萨人、卢瓦勒人、昂德人、兰巴人、隆达人和洛奇人出现。

1851 年　苏格兰传教士和探险家大卫·利文斯通首次访问赞比亚。

1889~1890 年　英国南非公司（BSA）建立，控制北罗得西亚（赞比亚）。

1924 年　英国南非公司将北罗得西亚的控制权割让给英国殖民地办公室。

1953~1963 年　南、北罗得西亚和尼亚萨兰地区殖民地联盟建立。

1962 年　非暴力反抗运动加速，国家走向独立。

1964 年 10 月 24 日　独立。

1972 年 12 月　制定《单方声明》。

1980 年　铜价暴跌；债务增加。

1985 年　赞比亚采取全面经济调整政策，适应国际货币基金组织和世界银行。

1986～1987 年　粮食暴动。

1987 年 5 月　赞比亚单方面放弃结构调整项目（SAP）。

1989 年 6 月　新的结构调整项目启动；废除价格控制，除了主食。

1990 年 6 月　粮食暴动。

1990 年 6 月　反对卡翁达参与公众庆祝活动的政变企图报道。

1990 年 7 月　多党民主运动党（MMD）联合建立。

1990 年 12 月　议会批准多党制。

1991 年 6 月　联合国家独立党价格控制（UNIP）削弱了结构调整项目。

1991 年 9 月　调整计划再次暂停。

1991 年 10 月 31 日　多党民主运动党获胜、奇卢巴当选总统。

1992 年 1 月　结构性调整计划恢复。

1992～1993 年　一个世纪以来最严重的干旱袭击南部非洲。

1993 年 3 月　声明国家处于紧急状态。应对阴谋推翻政府（该紧急状态持续三个月）。

1994～1995 年　该地区遭受严重的干旱。

1996 年 5 月～6 月　联合国家独立党反对派领导人被逮捕，涉嫌参与黑曼巴阴谋。最终定罪。

1996 年 6 月　前总统肯尼思·卡翁达被禁止连任。

1996 年 11 月 18 日　第二次选举举行，颇受争议。联合国家独立党和其他几个反对党联合抵制。奇卢巴赢了 73% 的选票；多党民主运动党赢得了 131 个席位；独立党赢得 10 个席位，其他党派赢得 9 个席位。

1997 年 10 月　陆军上尉因为不满发动政变。尽管没有证据表明他们参与，肯尼斯·卡翁达和其他反对派领导人依然被逮捕并被指控犯有阴谋背叛罪。

1998 年 2 月 ~ 12 月　审判叛国罪。3 月，卡翁达无罪释放。

1998 年　政府同意向英美资源集团出售大部分的矿业公司。

1998 年 11 月　前金融部长罗纳德·奔萨被暗杀。

1998 年 12 月　前业务执行官安德森·马佐卡发起成立了国家发展联合党。

2001 年 2 月　以绿洲论坛名义开展公民运动，公民组织动员反对即将第三次连任的总统。

2001 年 4 月　多党民主运动党党代会修改党章，允许总统第三次连任。

2001 年 5 月　奇卢巴因绿洲论坛压力、更广大的公民社会和前内阁成员的压力，放弃连任。

2001 年 8 月　奇卢巴总统阁下任命律师以及一次性副总统勒维·姆瓦纳瓦萨为多党民主运动党总统候选人和他假定的继任者。

2001 年 12 月　姆瓦纳瓦萨在总统大选中得票多出 28.7%，打败马佐卡。

2002 年 1 月　反对党向高级法院提出法律挑战，以争取姆瓦纳瓦萨/多党民主运动的胜利。

2002 年 7 月　议会免去前总统的豁免权。

1. 简介：土地、人民及历史

赞比亚位于非洲的心脏；尽管试图将一个国家粗糙的轮廓比为心脏有些差强人意，但其在非洲大陆的中南部位置无疑支持了这一比喻。事实上，赞比亚有诸多可说之处。凭借其适宜的热带气候和高海拔的自然条件，赞比亚拥有丰富的地理多样性。这种多样性也感染到了它的人民。这是一个拥有丰富社会和文化传统、悠久历史的国度。赞比亚人口数量在 2004 年时仍少于 1 100 万人，是非洲人口密度最低的国家之一。然而，其国土面积为 754 000 平方公里（291 000 平方英里），与美国得克萨斯州大小相似，人口密度相当低。纵观人类历史，争夺稀缺资源，如水、土地等，一直是冲突发生的主要原因之一。而赞比亚土地资源丰富这点是其作为一个拥有和平国家声誉的重要原因。与其他许多非洲国家不同，赞比亚在现代历史中没有发生过战争或者重大社会政治冲突，这也促成了赞比亚人如今生存和生活方式的形成。

在被英国殖民统治了近一个世纪后，1964 年 10 月，赞比亚独立。独立带来了新的机遇，也带来了新的挑战。例如，殖民统治利用压迫性治理制度，强迫人民服从与合作，而新政府必须找到一种新的方式，统一赞比亚 73 个使用不同语言的民族，使之成为一个国家。这绝非易事，尤其在一片充满独裁统治和种族暴力的大陆上。赞比亚追求的是一条中间路线。尽管从西方观点来看，赞比亚远远未实现民主，其经济政策也被证明具有破坏性，赞比亚第一个后殖民领袖——肯尼思·戴维·卡翁达，仍在通过一系列的经济和政治策略坚持这条道路。从获得独立到 20 世纪 90 年代期间，赞比亚主要特点为行政权力集中化及经济倒退，这条道路和大部分撒哈拉以南非洲的 47 个国家情况相似。1991 年，赞比亚成为撒哈拉以南第二个接受多党民主转型的非洲国家。更重要的是，这一变化是由赞比亚人，特别是由城市居民积极推动而带来的。

20 世纪 90 年代，民主政治此起彼伏，偶尔出现新政府的专制倾向。尽管在这段时期里，国家贫困进一步加剧，对国际捐助者的依赖不断加大，但总体而言，赞比亚人民的社会自由和政治机会还是有所增加。但是，今天的赞比亚比 25 年前更贫穷。因而，你会发现，如今的赞比亚处于十字路口：早期的民主呈现出许多令人鼓舞的迹象，如选举、法治、制度建设等；而与此同时，贫困加重、艾滋病肆虐、关键性社会服务减少，健康、教育、儿童福利等问题最近亦都有恶化趋势。赞比亚的未来将何去何从：是朝着更深层次的民主和经济社会发展，或是走向一个模糊不清的未来。幸运的是，凭借着其丰富的自然资源，如充足的土地和矿产，民族间的合作历史以及新型政治多元化，赞比亚并不太可能像其他非洲国家以及世界上一些发展中国家那样走上破坏和暴力之路。种种特征都预示着赞比亚光明的未来。

赞比亚人生活的这片土地，与他们的身份和习俗密不可分。因此，研究赞比亚这个国家，首先要从研究其土地和地理条件开始。

土　地

内陆国家赞比亚与八个国家为邻：安哥拉、纳米比亚、博茨瓦纳、津巴布韦、莫桑比克、马拉维、坦桑尼亚和刚果（金）。这段绵长、实质上不设防的边界给赞比亚带来了无数问题：难民流动、以冲突和犯罪形式为主影响着赞比亚稳定性的外部暴力，以及非法走私及贸易等。

被多个国家包围，也意味着赞比亚严重依赖邻国：大部分国际贸易需要途经第三方国家，通常还需要海运，从而增加商品进口到赞比亚的成本。此外，在 20 世纪 70 年代和 80 年代，整个地区处于混乱和冲突的状态时（直到 20 世纪 90 年代，程度才有所缓和），赞比亚常常被迫藏匿商品入境，以避免被侵占或破坏。

与几乎所有其他撒哈拉以南非洲国家一样，赞比亚特有的国界线是由当时领先的欧洲势力人为划分的。1884～1885 年，欧洲势力代表聚集在德国首都柏林，人为划分了非洲版图，也称为瓜分非洲。正如"瓜分非洲"这个词所暗示的，瓜分主要是为了尽可能快速分配非洲资产，而非依地理位置调整。实际上，直到这场长达三个月之久的会议结束，相关方面也未对新规划的领土做过合理调研。历史学家通常将该事件称为柏林会议（瓜分的属性对非洲人民产生了可怕影响，稍后作讨

3

论）。如果从地理或民族学的角度来讨论赞比亚边界，那么这可以说是毫无意义的。赞比亚南部与津巴布韦的边界有着明确规定：雄伟的赞比西河和壮观的 108 米（350 英尺）维多利亚瀑布形成一条天然分界线。赞比亚的东北部，与坦桑尼亚的边界相接，坦噶尼喀湖充当了部分分界线。相反，赞比亚与其他国家的边界，如与安哥拉、刚果（金）、纳米比亚、马拉维和莫桑比克的边界，既不是自然边界，也不是由任何可见界限或障碍组成的。事实上，有些分界线存在得实在奇怪，如刚果民主共和国和纳米比亚的边界。这就是德国、比利时和葡萄牙争夺非洲资源及控制的柏林会议的结果。

赞比亚拥有着无数壮丽的自然景观和地理特征，而这些因素却在考量赞比亚政治边境时被忽略了。除赞比西河以外，赞比亚还拥有六条主要河流和流域。赞比西河，只在某些部分通航，可运行 3 540 公里（2 200英里）。赞比西河源头位于刚果，途经津巴布韦边界，最后在莫桑比克流入印度洋。其他两条主要河流为卡富埃河和卢安瓜河，其中卡富埃河平分各省中心，可运行约 970 公里（600 英里），卢安瓜河从赞比亚的东北部流出。卡富埃河和卢安瓜河均为赞比西河的支流。

赞比亚最令人印象深刻的地标并非天然形成的：绵延 5 000平方公里（1 900平方英里）的卡里巴湖形成于 1958 年，由赞比西河下游的水坝汇聚而成，横跨赞比亚和现今津巴布韦的边界。大坝的建成，无意间让至少 3 000 万土著人流离失所，几乎包含了整个汤加族。从积极的方面而言，在赞比西河筑坝，不仅能给野生动物提供避难所、发展旅游业，其涡轮发电机还能向很多地区提供电力供应，包括赞比亚的经济枢纽：

铜带省。与赞比亚的河流和其他大型湖泊（姆韦鲁湖、班韦卢湖和坦噶尼喀湖，均在北方省）类似，卡里巴湖也是赞比亚主要的渔业基地。

　　几乎整个赞比亚都位于中南部非洲的南纬10～20度之间，位于南部热带地区，但其高度主要集中在高原海拔900米（3 000英尺），又减轻了大部分地区的热带温度。赞比亚不乏丘陵和山脉，但没有特别的高地。赞比亚的气候范围，从卢萨卡的低湿度和中央高原的高湿度地区，绵延到赞比西河谷或其他流域河谷的闷热热带环境。当然，更高海拔地区相对更易导致热带疾病，如疟疾和睡眠病等，这也解释了为什么欧洲人更趋向于定居该国的中心。在殖民时期，最早的白人殖民者来自南非和后来的南罗得西亚（津巴布韦）及欧洲，往往倾向于聚居在赞比亚气候更温和的中部，在那些从汤加人处搜刮的土地上建立农场。赞比亚的中北部（中央省和铜带省）沉积了大量的铜、钴及其他矿物。矿物开采始于20世纪早期，大量的采矿作业也由此开始出现。因此，赞比亚的现代基础设施（公路、铁路、电信）在这种趋势上应运而生，同时吸引了大量的非洲移民和城市聚落。

　　相比之下，由于洪水的原因，赞比亚的东北部和西部地区在每年特定的一些时期难以进入，至少从陆路通过非常困难。在这些地区，年降雨量可达100～150厘米之间（40～60英寸）。这里的道路，又由于成本过高，道路修建质量堪忧，维修不到位，近年来常常经受雨季的洪水冲刷。雨季通常从每年12月开始，一直延续到第二年3月才结束。

　　然而，降雨无法预测。气候变化和环境恶化（从全球范围来看，如厄尔尼诺现象和拉尼娜现象，本地则主要由于森林砍伐，使得该国的干旱率增加）的持续共同作用，导致了赞比亚干旱高发。举例来说，在南方省份，降雨量为64～100厘米（25～40英寸）不等，年变化率多达30%。对一个60万农民及其家庭的生存都依赖于农业的国家而言，频繁的干旱可能会带来毁灭性的影响，如对粮食援助依赖的增加及迫使人们迁移到城市地区。

赞比亚土壤多为强酸性，有砂质且较为贫瘠，尽管中央省和南方省的大部分土壤较为肥沃（这也从另一层面解释了这些省份对欧洲移民的吸引力）。赞比亚的本土植被主要是落叶米欧姆贝林地，由长势较高的草、树木和灌木组成，覆盖全国的三分之二。西方省份干旱地区多沙漠和荒原，热带的赞比西河谷则可以孕育更多样的植物。赞比亚的许多森林由于退化和人为侵占而几近濒危。猖獗的毁林加快了这一节奏，每年赞比亚都会以0.5%的速度加速森林采伐。其主要原因为当地居民砍伐树木作柴烧以及由于建筑目的而过度使用木材。砍伐的树木是农村地区乃至部分城市地区家庭用来取暖、做饭、洗浴以及建筑的唯一能源。另外，农民中流行一种被称为茨特么纳的传统耕作方式，即将树砍倒后进行燃烧，然后将树灰用于向耕作提供营养。随着时间的推移，这种方式实际上会损耗具有营养物质的土壤，大片土地裸露，并导致许多农村土质退化。

当欧洲人开始在19世纪90年代定居赞比亚，他们让非洲人失去了最优质的土壤。他们还从欧洲带来用于商业用途的农作物和牲畜。主要粮食作物是玉米，但商业种植者还生产大米、小麦和其他作物。欧洲人还种植烟草和棉花，用于出口以及一些当地的消耗。赞比亚只有约 20% 的土地适合于农业生产，而这些地区主要集中在该国南部、中部和东部地区。作物如小麦和水稻需要灌溉生长，这需要在拥有可靠的水供给的城郊。赞比亚农田只有约 1% 适用于灌溉，其中均为大型商业农场，故需要进口农作物以补充有限的本地生产。降雨在赞比亚极不稳定。在主要区域外生产商业农作物，由于土壤质量和难以抵达等原因而备受限制。

人　民①

赞比亚的殖民历史，始于 1891 年的英国南非公司（隶属于英国皇室）。随后，70 000 白人（多具英国血统）在该国定居，确保了英语作为殖民地官方语言的地位。尽管一些非洲殖民地也使用其他的欧洲语言，但英语不仅仅限于行政语言，而且被广泛使用，在赞比亚城市及工业区尤甚。后殖民时代，在赞比亚 73 个规模相当的民族间，英语成了其通用语言。

反过来，这些族群又形成了十多种语言群，尽管它们都使用一些班图语中相同的词汇和语法结构，但互相之间并无紧密联系。因此，英语在全国各地被广泛使用，大多数学校一年级

---

① 在多数班图语中，人们（民族）及其使用的语言由具体的前缀表明是否指代一个特定的语言（如洛奇语、本巴语），是单个的个人（姆洛奇）亦或是整个族群（巴通加人），等等。为了使读者清楚，该书主要使用的是同样的词根（比如：本巴）来描述所有的三个类别。如果一个非洲单词的具体用法在内容中不明显，通常会伴随一个英语名词（如本巴语）。

学生都需要学习英语。事实上，英语在赞比亚的地位可以说是举足轻重，许多城市地区的家长都倾向于跟孩子说英文，而不是他们的本土语言。这导致一些赞比亚的本土语言面临着濒危的压力：那些只有少量人口使用且人数不断减少的语言在 21 世纪面临着灭绝的危险。如若只以数字为标准，那些人口较多的民族则有可能保住他们的语言、文化遗产及传统。

赞比亚人口最多的民族是本巴族，该民族起源于赞比亚北方省和卢阿普拉省。本巴民族，跟赞比亚大多数其他民族类似，属于母系社会，他的遗产、社会地位通常由该男子传袭其姐妹之子。本巴族的大酋长是齐提姆库卢。殖民时期以前，本巴以其相对大的王国以及与其邻国偶然的战争而闻名。如今，本巴族已成为赞比亚最具政治影响力的民族，这与其众多的人口及其在英国殖民体系中的角色相关。在殖民时期，本巴的传统政治结构被英国人破坏，这是由于他们靠近铜矿地区，需要为殖民地的采铜工程提供足够的劳动力。尽管相对于白人群体，本巴族明显处于弱势地位，但讽刺的是，与其他族群相比，本巴族更现代、更城市化、经济上更独立。本巴语随后也成为了来自赞比亚各地的铜矿工人之间广泛使用的语言。由于英国人的殖民历史，英语成为了赞比亚国家的官方语言，但本巴语却成了当地土著最广泛使用的两种语言之一。事实上，赞比亚 25% 的人口都使用本巴语，而本巴族人仅占该国人口的 20%。

赞比亚使用率第二的本土语言则是尼昂加语，12% 的赞比亚人都以这种语言为母语。更重要的是，使用尼昂加语并非意味着来自同一民族，但这并不妨碍尼昂加语成为一种通用语

言，尤其是在卢萨卡地区及东方省的部分地区。事实上，多个 8
民族都在使用该语言，比如昆达、恩戈尼和恩森加等。在东方
省的农村地区，人们更多会用尼昂加语进行交流，受其他族群
语言影响性相对较少。

汤加语则主要在赞比亚南方省使用，以汤加语为母语的人
占赞比亚人口的12%。在殖民时期，有人认为，汤加人受英
国的殖民者破坏程度最甚。汤加人拥有充满活力的农耕文化，
许多汤加人的农田位于如今的南方省和中央省地区。在当时，
这些土地都被白人占领，用于居住和农耕。他们被贴上农村无
产阶级的标签，为白人农场主服务，而这些土地原本属于汤
加人。①

第二，位于赞比西河的卡里巴大坝在20世纪50年代淹没
了大量居住在那的汤加人及其他邻近族群的土地。津巴布韦和
赞比亚边界都不得不重新给上涨的水位腾出地方。这也许并不
奇怪，由于殖民国的滥用无度，汤加人成为赞比亚的一股政治
力量，从20世纪50年代成立的非洲民族主义运动起开始活
跃，一直延续到如今。

此外，赞比亚较大的民族语言族群，还包括占赞比亚人口
5.6%的西方省洛齐族。洛齐人是该地区政治王国的继承人。
与本巴族和尼昂加族不同，大部分洛齐族的传统结构并未受到
殖民主义影响，英国当时通过间接统治的方式对其进行治理。
洛齐族的国王是利通加，由其主持隶属于王室的酋长会议。尽
管许多像利通加这样的领导者的历史性权力在当今盛行的西方

① 葛兹勒：《介绍：一党制国家是如何建立的》，第10页。

政治结构中被削减，但洛齐国王和传统酋长仍在其社区内具有相当的权威和影响力。此外，与其他族群相比，他们在更大范围内名声显赫、受人尊敬。

值得指出的是，无论是受经济利益和征服领土为驱动的欧洲殖民主义，还是相对较缓和的狂热的基督教传教士，都没有真正尊重非洲土著占据的传统领地。因此，赞比亚和马拉维仍有人使用尼昂加语；赞比亚和津巴布韦亦有人使用汤加语。其他族群如今都被赞比亚的国界分隔开来。洛齐的王国基本上被英国原封不动地保留了下来，在纳米比亚和博茨瓦纳都有其后代。

种族多元主义

9

南部非洲是欧洲白人定居在非洲大陆的主要区域。最高峰时，西南非洲（纳米比亚）、南非、北罗得西亚（赞比亚）、南罗得西亚（津巴布韦）以及葡萄牙殖民地安哥拉和莫桑比克等处都有大量白人聚居。当然，白人数量最多的当属南非，而在殖民统治的其他地方，白人数量也据称超过了 100 万。1960 年，赞比亚的白人人口达到顶峰73 000人，却仍是南部非洲白人人口最少的国家。到 1995 年，白人人口减少到30 000人，甚至更少。重要的是，赞比亚人经历了非洲民族主义叛乱，发生了不同程度的流血和伤亡（有时是成败参半）。幸运的是，赞比亚的殖民统治最终以相当和平的方式结束，权力从殖民政府转交至新政府。尽管许多白人在当时选择了离开，但留下来的白人普遍都致力于为国家和以黑人为主导的社会服务。

今天，赞比亚为数不多的白人主要从事工业、服务业及商业性农业。南部非洲其他国家和地区，白人与黑人留下了挥之不去的仇恨，而赞比亚种族关系则相当友好。即使在殖民时期，赞比亚的种族关系相较邻国也更为友好。到如今，你也经常可以看到赞比亚的白人、亚裔与黑人一起在公司董事会、公民组织甚至是政府机构工作的画面。除此之外，在很多白人家庭中，也能随处可以见人们用流利的本巴语、汤加语或尼昂加语交流，尤其是在农场地区。

2003年，邻国津巴布韦约有200名白人商业农场主在该国政治性种族暴力中流离失所，重新定居到赞比亚。在这之前，有一小部分南非白人农学家曾迁移至赞。很难确定其中的难民是否怀有种族主义倾向，而毫无疑问，他们也没人会承认自己有这种倾向。但他们的存在导致了赞比亚人的怨恨升级——他们认为这些白人农场主会将津巴布韦的种族冲突带到赞比亚。而赞比亚政府从政治上和物质上对此次移民的支持（以增加农业领域的专业性及拯救此前岌岌可危的商业性农业的生产率为目标），也并未缓解大众的担忧。

历　史

早期历史

在2 500年前至1 000年前间，使用班图语的人群从西部非洲大草原迁移至南部非洲。这些人最终与科伊桑人融合或被边缘化，主动或被动地说上了科伊桑语。科伊桑人拥有狩猎采集文化，早在约12 000年前就在此地定居了。直到最近200年至500年前期间，一些赞比亚少数民族才到达此地。据说，汤加人和伊拉人是在赞比亚居住时间最长的民族。早在公元1200年，他们就从如今的赞比亚南方省迁入。其他大部分民族也沿着这条南部线路到达此地。这其中包括隆达人、卢瓦勒人、卡昂多人、兰巴人、洛齐人（与隆达人有关）以及本巴人和比萨人（与卢巴人同祖先）。例如，1600年至1750年间，刚果隆达—卢巴帝国的分支迁移到赞比亚，并建立自己的王国。目前还不清楚发生迁移的具体原因，但应该与位于刚果南部的卢阿拉巴河当时面临的人口压力以及与葡萄牙探险家的冲突有着重要联系。前殖民地时代里，最后一次大群体迁移到赞比亚的是恩戈尼人。他们是祖鲁族的一个分支，19世纪20年代从沙卡祖鲁和南非白人农场主（布尔人）处逃离出来。

赞比亚与西欧文化的联系始于葡萄牙人。公元1500年左右，葡萄牙人就活跃于东非贸易路线上。公元1000多年前，东部和南部非洲就与文明古国中国、罗马和阿拉伯建立了商贸联系。从西部而来的葡萄牙奴隶贩子到达此处，他们的商人与印度洋沿岸的非洲人建立了联系。

历史学家发现，定居赞比亚的非洲人间常有冲突发生：如班图人和土著的科伊桑语人、本巴人和曼布韦人、本巴人和比萨人，1835年，后恩戈尼人和本巴人之间也时有冲突。奴隶贸易在不同的族群中都有发生，葡萄牙人与阿拉伯人之间也通过贩卖奴隶来获取武器。西部的洛齐人未受到奴隶贸易的影响，但公元1700年左右，洪水泛滥影响了定居在赞比西河畔西部的洛齐人。尽管在众多族群间，洛齐人统治了该地区，但他们很少与外界发生冲突。事实上，1800 年，他们就已经形成了高度组织化的社会和王国。

殖民时期的开始

在 19 世纪 50 年代之前，除了葡萄牙入侵，赞比亚并未引起欧洲的关注。早在 1851 年，苏格兰传教士和探险家大卫·利文斯通博士就访问了该地区，其经历在伦敦被广泛报道。然而，直到柏林会议五年后，才有大量白人涌入，如探险家、基督教传教士等。商业、政治和宗教利益背后，隐藏着建立英属殖民地这样更宏大的帝国计划——在南部非洲这种方式的实现通常是间接的，通过英国南非公司来实现野心。

1890 年到 1891 年之间，英国南非公司终于控制了该地区，后来这一地区被统称为赞比亚。英国南非公司用欺骗的手段，先后与莱万尼卡和洛齐的大酋长利通加签署条约，和他们通过换取所谓的保护条约，获得该国独家采矿权。该公司最终控制了整个国家，通过莱万尼卡签署的条约，争夺到赞比亚整个国家，其范围包括北部和东部部分地区，远远超出洛奇人的控制和影响。

在欺骗莱万尼卡之前，英国南非公司的代表曾期待从位于赞比西河南岸的莱万尼卡的对手处，也就是今天的津巴布韦恩德贝勒的洛本古拉国王那儿，获得类似的特权。1895 年，在英属南非公司控制了塞西尔·罗兹后，这两个地区都通称为罗得西亚。1897 年，这两个地区分别被正式称为南罗得西亚和北罗得西亚。

12

英国南非公司统治赞比亚的第一个十年，该公司扩大了其统治势力，为数不多的白人开始抵达北罗得西亚，并在此定居，而其中大部分人都在为英国南非公司不断增长的采矿操作而工作。到了世纪之交，更多白人来到赞比亚，建立大型农场，并进行其他商业贸易。1923 年，所谓的公司规定结束，北罗得西亚当局正式将该地割让给在伦敦的殖民地办公室管理，称其为英国直属殖民地。事实上，该地区被英国南非公司严重低估，赞比亚中部铁路线沿途基础设施非常有限，到 20 世纪 20 年代，在此定居的白人不足 5 000 人。然而，虽然人数较小，却形成了立法理事会，为北罗得西亚的白人建立代议制政府提供了机会。该机构随后宣称自治，颇让人惊讶。

中非联邦

几乎从一开始，两个罗德西亚之间就有着许多重要的联系，包括共同的祖先和领地使用英语的常驻人口以及经济联系等。此外，虽然两者最终都隶属于伦敦的殖民地办公室，但它们在第一次世界大战后都享有较大的自治权。早在 20 世纪 30 年代，当局就曾考虑过通过完全的行政或者领土合并形式，形成某种较为松散的联邦。因此，后来发生的领土合并并不让人意外。然而，罗得西亚北部和南部的代表和殖民官员，却未能就最终主权的重要事宜达成一致，尤其是关于管理外来人口的政策。在这一点上，北部远比南部严厉。

然而，到了 20 世纪 50 年代，相关争论得到了有力的解决。1953 年，北罗得西亚和南罗得西亚与尼亚萨兰（今马拉维）合并，成为中非联邦。回过头看，很难确定到底赞比亚和马拉维加入南罗得西亚有何获益。后者具有更好的基础设施成形的工业设施及更发达的商业性农业和采矿业。尽管北部的官员明确认为，联盟形式能让他们立刻成为眼前第一，通过和更加工业化的南部合作丰富经济多样性，而现实是南罗得西亚的优势资源基地留在南罗得西亚。事实上，赞比亚主要依赖铜矿，即依赖铜矿带来出口收入，收入主要流向南罗得西亚，使其有更好的发展。南罗得西亚的大量白人人口从而成为了一把双刃剑：北方人认为更多的定居人口将使得罗得西亚从伦敦获得更大的自主权。但在现实中，北罗得西亚和马拉维的人力资源和自然资源，只不过增强了南方罗得西亚白人的社会经济地位。

每个国家都保留了自己的国家立法，联邦议会合并，设立了总理，在索尔兹伯里（今津巴布韦首都哈拉雷）成立总部。联邦政府的权力在很大程度上限制在国防、贸易、通信、工业和金融等领域。各国政府保留相关权力，如本地管理、非洲教育、卫生、农业和土地政策等。有趣的是，英国在此主要扮演幕后角色。缺少英国大量的干预，意味着各国政府在其权限内享有相当大程度的自主权。事实证明，所谓的本地策略的决定问题很大，这也一直饱受争议。我们很难说英国在赞比亚的殖民统治不是压迫性的，如其对公民权力和自由的否定、对土地的征用以及其他种种殖民主义行为，但南罗得西亚对黑人的剥削远甚于北罗得西亚。居住在该地的白人绝对数量（在1960年超过了20万人），使得他们不可避免地陷入冲突之中，与黑人争夺资源。

到了20世纪60年代早期，中非联邦气数已尽。关于种族政策，联邦成员们有着不可调和的矛盾，1963 年这一组织最终解体。英国默许在北罗得西亚和马拉维实行非洲人多数决规则。在联邦短暂的统治中，津巴布韦经济有所增长，而赞比亚失去了原本可能投资于自身发展的资金。

民族主义与独立

受在肯尼亚、加纳、南非乃至整个非洲大陆开展得如火如荼的非洲民族主义运动影响，20 世纪 50 年代，羽翼未丰的民族主义组织以有力的运动形式出现在赞比亚。非洲民族主义受到了伦敦方面的激励，彼时，二战结束，大英帝国的日子所剩不多（1947 年，印度独立是关键事件）。在哈利·恩昆不拉和卡翁达领导下，1953 年，北罗得西亚的民族主义者将北罗得西亚非洲人国民大会改名为南非非洲人国民大会。1958 年，民族主义风潮开始从殖民政权引起了重大影响，恩昆不拉和卡翁达就与殖民当局合作程度出现了分裂。卡翁达建立了较为激进的赞比亚非洲人国民大会，于 1959 年被禁止。卡翁达本人也被关押，后来在 1960 年出狱，成了新成立的联合民族独立党领导人。

由于赞比亚一直以来种族政策相对缓和，国内不安的环境促成了其宪政协商制度的形成，这一事件得到了英国的赞同，未像南罗得西亚一样引发暴力行为。1961～1962 年间，开始讨论宪政协商，真正转换到多数决定原则是在两年多之后。在 1962 年的选举上，非洲多数统治政策作为权宜之计，在北罗得西亚立法会得以通过。国家层面的变化在联邦政府上反映出来，对黑人开始出现轻微让步。1964 年 10 月 24 日，北罗得西亚独立，正式取名为赞比亚共和国。在正式获得独立之前，联合民主独立党以压倒性优势赢得议会选举。临时议会制度要求设立首相，废弃总统制。联合民主独立党领导人卡翁达成为赞比亚首任总统，而议会立法制度也仍然保留下来。

赞比亚第一共和国（1964 年至 1972 年）是一个名义上的多党制，事实上，联合民主独立党明显占主导地位，卡翁达控权。在最初独立的几年里，非国大提供了 10 个议会反对席位，这一数字与联合民族独立党在国民大会 65 个席位中的 55 个席位相比，可以说几乎是无效的。在此期间，出现了几个其他的党派，均由联合民族独立党分裂出来。然而，一党统治制度的特点使得联合民族独立党难以容忍这期间的竞争。两个反对党的命运就是鲜明的例子：联合党于 1966 年成立，于 1968 年被政府取缔；联合人民党于 1971 年成立，仅半年之后就被取缔。

联合人民党由卡翁达时期的前副总统西蒙·姆万萨·卡普韦普韦创立，西蒙来自北方省，是一位伟大的本巴族政治家。因为得到了传统的联合民主独立党在铜带省和北方省的大本营（也是本巴人的大本营）的支持，联合人民党惹祸上身。民族问题的神经，再加上政党间暴力的出现，成为卡翁达在赞比亚建立一个一党制国家的借口，为了杜绝所谓的国家分裂，卡翁达采取了相关行动。

1972 年 2 月，联合人民党被取缔的同时，当局逮捕并拘留了卡普韦普韦及其 123 个重要成员，联合民族独立党内阁宣布将建立一党参与民主制。通过同化长期的反对党非国大，联合民族独立党进一步巩固其权力。1972 年 12 月，宪法修正案通过，赞比亚在法律意义上成为了一党制国家。随后，卡翁达

15

宣誓就职，成为赞比亚的第二共和国的总统。1973 年 8 月，新宪法通过，允许国民议会进行精选，但每隔五年，只有联合民族独立党的政党候选人和卡翁达统治下的全民公决可以进行。一党制一直延续到 1991 年。当时，赞比亚正面临着经济崩溃情况，来自国内和国外的压力增大。在总统授意下，联合民族独立党议会废除了一党制，卡翁达默许了多党选举。

政治与经济

经济危机和政治转型

今天的赞比亚是一个多党民主制国家。该制度规定，议会拥有 150 席，即国民议会，每五年的 10 月至 12 月期间进行选举。总统由全民直接选举产生，任期五年，作为国家元首和政府首脑享有相当大的权力，最多可以连任一期。赞比亚的民主并不完美，虽然卡翁达时期的专政相对缓和，但它跟很多其他国家一样，都刚从长期的独裁统治中有所转变。然而，自 1991 年改变以来，赞比亚民主有了显著的进步。事实上，尽管它国土面积狭小，后殖民时期也并未发生大型事件，但无论是在 20 世纪 90 年代还是 21 世纪，赞比亚都被认为是非洲民主化进程的领头羊。赞比亚从卡翁达的独裁，过渡到形式化民主政府的过程，是和平、公正并具有国际意义的。当然，这种平稳过渡应归功于赞比亚人，但也值得为卡翁达喝彩。尽管他期待自己可以赢得选举并高估了自己的人气，但他也坦然地接受了败北。

16

卡翁达被迫同意选举的原因是当时全国经济崩溃，社会动荡，尤其是在 1986 年，局面已经失去控制。赞比亚政治改革的催化剂是经济的崩溃。其经济在近 20 年中持续下降（1975年至 1991 年平均每年缩水 2.5%）。[①] 1964 年独立以后，赞比亚政府并未重视改善出口的多样性，铜出口占了该国出口的90% 左右。这使赞比亚特别容易受到全球铜价波动的影响。铜价下跌对赞比亚产生不利影响，但自 20 世纪 70 年代中期后也偶有例外。赞比亚也是一个依赖石油的内陆国家，这些因素大大增加了生产成本，这不仅包括铜，也包括任何其他物品。最后，卡翁达政府——与很多 20 世纪 70 年代获得独立的非洲国家一样——大力推动所谓的集权发展政策。广义社会主义成为了其发展的方向，卡翁达政府把国家作为经济发展的主要引擎。因此，自 1967 年起，国家成为资本的主要拥有者，掌握现有企业及新建企业的多数股权。国家控股的形势在 20 世纪70 年代中期显得非常戏剧性，当时 80% 的赞比亚经济都控制在国家手上。

选择这样的发展路线事出有因，赞比亚需要加快发展，改变针对黑人的历史性歧视，国家是唯一能够推动经济"赞比亚化"的角色。此外，只要全球的铜需要保持较高水平，出口收入依然强劲，赞比亚则仍可以实现可持续式发展。而一旦铜价崩溃，赞比亚经济也将随之崩溃。国家已不再能够满足其支出需要，特别是社会福利——教育、医疗保健、补贴等方面，于是被迫从各国际方借款，其中包括如英国、美国和其他

---

① 瑞克纳：《赞比亚的政治和经济自由化》，1990～2001 年，第 54、66 页。

捐赠国，但主要部分仍来自世界银行和国际货币基金组织。因此，在不到 20 年的时间里，赞比亚从一个最富有、最有前途的独立非洲国家，变成了负债最重的和最差的经济体之一。到了 20 世纪 80 年代末，它已经积累了近 70 亿美元的外债，无力偿还世界银行和国际货币基金组织的债务。

自 1983 年起，在世界银行和国际货币基金组织指导下，赞比亚政府开始了其第一个结构调整计划，旨在恢复外部经济平衡及增长。然而，这些计划由于设计及实施的缺陷而失败了。此外，世界银行及国际货币基金组织要求赞比亚大幅度削减开支——包括取消对主食、玉米粉消费的固定补贴。这导致了 1986 年的城市暴动，暴动造成愈 30 人死亡，卡翁达总统不得不停止该计划。

这一场大众的胜利，为后来卡翁达的选举败局、丢掉总统职位及政府埋下了伏笔。这一事件表明，卡翁达及其政府必须对民意和抗议敏感。在某种意义上，这也归因于卡翁达实施的温和独裁。尽管实际上他是一个终身总统并享有重大的权力，但他并不是一个军事统治者；他也并没有对赞比亚进行残酷统治，尽管 1972 年后，他的确扼杀了一些政治反对派。

1990 年 6 月 30 日，一个起义军的中尉在国有电台宣布，他的士兵已发动政变，推翻了联合民族独立党政府。公众对此公告的反应是欢呼不已。人们走上卢萨卡和其他地方的街头庆祝，为假定推翻了政府欢呼。后来证明，政变比现实更短暂；士兵们只是获得了广播机构的控制权，并没有获得更多的军队支持。很快他们就被逮捕。这一事件震惊了卡翁达，并揭露了国家经济停滞和衰退及大量失业率的背后，他并不受欢迎的事实。实际上，结合早前的粮食暴动，以及 1990 年 6 月政变前几日的骚乱，这些大规模示威都暴露了公众对经济情况、一党专制制度和卡翁达本人的不满。显然，卡翁达鼓励个人崇拜。这也使得其作为政治精英出现时，相信自己就是神话的倾向，从而无法看到战略或政策改革的必要性。但是，卡翁达的功劳在于在 1990 年未遂的政变后勇于承认，并开始允许在赞比亚引入某些特定政治自由。其中包括解除限制媒体和言论自由，最终允许反对党的形成（由于殖民地时代的紧急状况时有发生，因此只有政府才有普遍的拘留权）。

与此同时，赞比亚民间团体在这种环境下受到了激励。1991 年 7 月，人们聚集在卢萨卡花园饭店并宣布了多党民主运动（MMD）的成立。该党派很快就成为赞比亚主要反对党。多党民主运动的领导人遍布赞比亚社会的各阶层，包括在过去常与卡翁达发生分歧、来自赞比亚强大的工会运动的著名领袖，商界、学界的代表，学生，妇女组织，教会和其他公民领袖，一些之前对联合民族独立党不满的政治家，以及早年在卡翁达身边失势的官僚。

1991 年 10 月 31 日，举行全国总统和议会选举（赞比亚超过 19 年来的首个多党选举）时，联合民族独立党、多党民主运动以及其他 7 个小型反对党参与其中。多党民主运动总统候选人弗雷德里克·奇卢巴是赞比亚工会大会的前领导人，作为工党领袖，他一直是卡翁达政府的眼中钉。在以"时刻已到来"为主题的竞选中，多党民主运动风靡全国大选。多党民主运动的胜利是决定性的，其压倒性胜利让许多观察家震惊。而卡翁达则更为震惊，他仅仅获得了 27% 的支持率，就这样丧失了总统职位，而奇卢巴有73%的支持率。卡翁达所在政党表现得则更差，在全国范围只获得20%的支持率和22个议会席位。

需要铭记的是，卡翁达执政长达27年，19年来一直是一党制国家元首。除此之外，他还在民族主义运动和赞比亚的独立运动中发挥了重要作用，因此仍被普遍认为是赞比亚的国父。此外，联合民族独立党此前是赞比亚的历史上唯一的政府。如果占据这些特点，都没有让该党和卡翁达变得很受欢迎（根据1991年的选举结果来看，他们明显不受欢迎），他们显然是授予了党和总统强大的资源。此外，值得一提的是，卡翁达坦然地接受了败北，并把权力转移给了奇卢巴和多党民主运动。这片为人们所知的非洲大陆，在当时，很少能实现和平、文明的权力交接，而赞比亚则成了非洲其他国家的榜样，至少在国内、国际众多观察者看来。然而如后指出，这些评估被证明过于乐观，很不成熟。此后的10年里，民主和经济领域出现了一系列时好时坏的情况。

在这样的背景下，多党民主运动不仅承诺将为国家民主奋斗，还会重振卡翁达统治期间不断下滑的经济。因此，多党民主运动的胜利伴随着一系列大刀阔斧的改革，旨在振兴垂死的经济。多党民主运动热切地希望能够恢复世界银行和国际货币基金组织发起的结构调整计划。尽管赞比亚人民在卡翁达时期曾经在该调整计划的影响下饱受折磨和暴动，但他们仍希望新领导班子将更好地治理国家，改善自由化政策，成为未来的国家繁荣的钥匙。就其本身而言，多党民主运动毫不掩饰其需要实行财政紧缩的需要，包括消除卡翁达执政期间恢复的补贴，

19

这样一来此举措可能有利于其人民做好骚乱爆发的准备。

因此，经济计划采取了一系列自由化措施，主要强调减少或消除国家在经济中的作用，让市场力量来引导经济。这些措施包括消除汇率管制和克瓦查贬值，大幅减少贸易壁垒即政府开支（包括官僚、消费补贴、社会福利以及国有工业）等。可以预见的是，这些变化会让普通赞比亚人民日子变得非常难过，同时放弃了重振经济的希望。该地区在 1992 年以及 1994 年到 1995 年间都发生了旱灾，由此遭受了重大经济动荡。此外，结构调整计划的批评者抨击世界银行和国际货币基金组织将这样的紧缩措施强加给赞比亚，而多党民主运动竟然也选择了接受。国际捐助机构以及世界银行和国际货币基金组织则批评奇卢巴管理不科学，未完全执行他们给予的建议，因而未完成最终的交易。事实上，对各方面的指责都是恰当的。有些政策规定是短视且破坏性极大的，比如贸易自由化，政府也需要为腐败、管理不善、在政治上有所收益后就停止作为等方面负责。

矛盾的是，多党民主运动以同样的，甚至可以说比联合民族独立党和卡翁达更糟糕的方式，利用国家权力，剥削国家资源。事实上，20 世纪 90 年代，赞比亚人已意识到自身的经济险境，奇卢巴政权的腐败活动又进一步加深了这一状况。尽管 1991 年的选举时有诸多承诺，但此时期的民主仍浮于表面。重要的是，制度变革，包括对总统权力的限制并非 1991 年转型的一部分。奇卢巴利用其职位权力，恐吓、排挤对手。决策过程缺少透明度，被总统周围的小集团控制，没有向其他机构或社会组织咨询。1991 年以后，多党民主运动党在议会的 150

20

席中占据了 128 席，不亚于卡翁达时期状况。此外，奇卢巴还迅速在法院安排了其支持者。因而，任何试图平衡权力和政府部门的尝试都失败了。

然而，另一方面，1991 年以后，民主政治领域取得了一些显著的进步。卡翁达政权被推翻后，民间组织被调动起来，仍然充当着政治行为监督者，各种非政府间组织常常就政府侵权和不当政策发表意见。独立舆论同样保持警觉状态。其中最突出的是私营《每周邮报》（后来变成了每天发行的《日报》），该报经常不顾主编及撰稿人的个人危险，抨击多党民主运动党。然而有必要指出，尽管它们的角色十分重要，但是在多数情况下，他们对多党民主运动的影响力都非常有限。简而言之，20 世纪 90 年代，充斥着各种似是而非的事件。一些卡翁达时期的禁令被取消了，然而同一时期，新民主政府中又发生了前所未有的腐败。越来越多公众提出了批评意见，但由于公众对于政治影响微乎其微，这些批评大多都被过滤了。议会里多党民主运动的议员们，更关心他们作为政党领袖的责任，而不是真正关心选区人民。在这样一个政治体系中，特立独行的政客是少见的，因此只有忠于政党领袖，才能最终得到政治仕途的奖赏。

政府通过恐吓以及拘禁对那些最具威胁的批评言论进行了回应。一开始被多党民主运动所关注的，是《邮报》中那些直言不讳，并且颇具民心的编辑，后来，卡翁达本人以及一些反对党成员也被纳入其中。尽管这段时间政党数量激增，但这些政党除了创始人或者为数不多的几个支持者以外，都没有任何影响力。这样一来，多党民主运动统治下的赞比亚实际上是

21

一个一党制国家。

20世纪90年代里，大部分赞比亚人仍处于不公和贫困之中。多党民主运动政治家从中获利，越来越多的赞比亚人却日益变得更加贫困，贫困线以下人口超过86%。经济上的改革几乎没有任何成效。不可预期的干旱使赞比亚第二共和国，五年中有两年的时间都不得不大量依赖着食物援助。此外，艾滋病在赞比亚及非洲大陆加速蔓延，进一步加剧了社会混乱。与此同时，还出现了人力、预算、医疗以及经济方面的危机（艾滋病在赞比亚已经变成了流行病，成人感染率为19%，第6章将重点阐述这一情况）。

1996年，赞比亚迎来了多党制回归后的第二次选举。然而事实上，1996年的赞比亚并没有像大部分人预测的那样兴奋，大步走向民主，而是朝着一个完全背离的方向迈进。1996年11月的选举，非但不是民主化的标志，还被认为是赞比亚近40年独立以来，政治民主化的最低点。

尽管一直都还有一定程度的公共支持（部分原因是反对派中缺乏真正可靠的替代政党），多党民主运动党依旧害怕在1996年的选举中失败。前任总统卡翁达在获得了不可思议的政治复出之后，准备挑战总统奇卢巴。然而，多党民主运动通过宪法改革，故意设障，禁止卡翁达参与总统竞选。国际社会谴责这一行动，但奇卢巴拒绝妥协。他甚至下令，以莫须有的罪名关押了几个帮助卡翁达参选的联合民族独立党工作人员。

除了操纵宪法以外，多党民主运动党为牢牢把握权力，还使用了其他的反民主的措施。例如，该党精心策划了全国投票注册系统，被认为是腐败的小动作。它们还大力打压独立舆论和反对党领导成员，其中包括联合民族独立党。为应对政府的一意孤行，赞比亚多个反对党派纷纷抵制 11 月的选举。大部分的国际社会，包括驻扎在卡特中心的美国等，拒绝外派选举观察员，担心派遣行为会让不公正的选举赋予合法性。结果，联合民族独立党被撤走，一些反对党被选入参加选举。其他的候选人作为个体参与议会选举。在这种极具煽动性和不公正的选举环境下，多党民主运动党以外的参选者，只在国民议会中赢得了 19 个席位，其中 10 票还来自于独立个人。

22

多党民主运动党在大选前后对于权力的滥用，以及对于赞比亚经济发展的胡作非为，使赞比亚人民活得比以往更加压抑。这一点在选举投票率上有所体现：只有约 25% 的合格选民参与了投票。因此，赞比亚民主的胜利，这场被视为非洲榜样的民主，弥漫着层层的暮色。

尽管如此，经济增长和民主仍时断时续地影响到非洲政治和社会。① 事实上，尽管通往民主的道路曲折，即使是在 1996 年那场选举中，一些重要的基本自由还是在赞比亚的转型中慢慢保留下来，并深深扎根。民间组织相关理念进一步被巩固，敢于针砭时弊的组织，敢于发表尖锐意见的自由媒体站立起来了。虽然没有统一组织，大量的政党却开始在政治舞台上崭露头角。

2001 年选举及之后

虽然 20 世纪 90 年代的赞比亚政治形势十分严峻，但赞比

---

① 弗蒙约赫：《时断时续的民主化》，第 37~50 页。

亚人民充满智慧且坚韧不拔。2001 年初，赞比亚糟糕的政治形势不可避免地波及到了其社会经济。为赢得继续在总统办公室工作的机会，奇卢巴总统在 2001 年年初时暗示，他将谋求连任。即使宪法规定，总统任期不能超过两届，奇卢巴总统依旧没有妥协，因为他已经在 1996 年成功修改了一次宪法。人们普遍预计，通过必要的修改宪法，轻松拿下顺从的政党，并逆转在议会中的不利因素，奇卢巴将会获得连任。

当赞比亚的民主进程即将走向失败时，意想不到的事情发生了。赞比亚民间组织站了起来，拆穿了奇卢巴通过改变宪法而获得连任的阴谋（人们原先预计奇卢巴及多党民主运动会不惜一切代价获得连任）。那些长期被忽视的赞比亚政治重要参与者们：教堂、律师、非政府组织、企业、劳工、学生以及其他受压迫的成员，都站了起来。他们走上街头，组织了一场声势浩大的"反第三届连任"运动。他们组织研讨会，并组成了民间团体和政界的强大联盟。"反第三届连任"运动是如此成功，奇卢巴内阁中甚至有 22 名内阁成员也被迫就范。许多国会议员也加入进来，并指出，他们不会支持任何关于延长总统任期的宪法条款。面对巨大的舆论压力以及政党内部的反对，奇卢巴妥协了。

由于自己无法参选，奇卢巴指定他曾经的副总统（1991～1993 年）暨律师利维·姆瓦纳瓦萨，作为多党民主运动党的总统竞选人、奇卢巴的继承人。人们普遍认为，奇卢巴会把姆瓦纳瓦萨作为一个傀儡，进行垂帘听政。尽管如此，姆瓦纳瓦萨和多党民主运动也必须在与新成立反对政党的激烈角逐中获胜。除 11 个政党参与总统的角逐外，还有 17 个候选人参与议会选举（其中的一些人是独立参选人竞选）。这些政党中，最为强大的是由著名汤加商人安德森·玛邹卡经营的国家发展联合党，在 2001 年初的中期选举中，该党已经在议会中获得了不少席位。

在选举中，姆瓦纳瓦萨以 28% 比 26% 的得票率击败了第二名的玛邹卡，其余选票则被其他竞选人赢得。议会选举中，多党民主运动得票率为 27.4%（69 席），国家发展联合党得票率为 23.3%（49 席），其余 5 个政党分享余下席位。由卡特中心、欧盟代表团组成的国际观察团队谴责选举过程没有充分的自由以及公平。这是赞比亚人民通过合法非暴力手段，与多党民主运动党进行对抗的胜利。2002 年 1 月 2 日，在政治及法律的庇护下，姆瓦纳瓦萨再次入驻了总统办公室。

姆瓦纳瓦萨的到来，被证明是一个令人愉快的惊喜。他着力于纠正奇卢巴任期内腐败，以及宏观经济治理不力等问题。姆瓦纳瓦萨总统称，他不听命于他的恩人奇卢巴。事实上，姆瓦纳瓦萨总统在他的任期内，制定了一个富有活力的计划来终止前任的政府腐败。在巨大的舆论压力中，奇卢巴的豁免权于 2002 年 7 月被议会解除。2003 年 12 月，奇卢巴的审判开始，尽管有大量对奇卢巴的不利罪证，奇卢巴依旧不清楚是否会被定罪。一方面，证人的证供难以获取（奇卢巴依旧拥有较大的权力），另一方面，奇卢巴任职期间多数腐败行为都是由其属下完成的。因此，在 2004 年，针对前总统的指控的数量进一步下降了。

24 　　然而，对整个赞比亚以及整个非洲来说，起诉奇卢巴都是一个巨大的转折点。它将公民权利的种子播撒开来，对整个国家的未来来说，是大有裨益的。

经济上，尽管 2001～2005 年间赞比亚经历了一段黄金增长期，但整个国家依旧陷于极度贫困中。姆瓦纳瓦萨的第一个任期中，尽管政治不平稳，但受惠于有利的铜价、外部捐赠以及可计量的债务削减（政治总体），赞比亚经济实现良性发展。[①] 如果赞比亚继续改善其近 1 100 万公民的福利，所有这些趋势都必将延续下去。

---

① 世界银行增强重债贫困国家主动性，赞比亚在 2001 年将其债务减免限定在 39 亿美元内，2006 年初债务减免金额差不多。

2. 宗教与世界观

　　赞比亚是一个多宗教的国家，它既有世界性宗教，如基督教、伊斯兰教和印度教等，也有本地传统宗教。但是，绝大多数赞比亚人信奉基督教。基督教19世纪中叶传入赞比亚，但当时并未站稳脚跟，直到20世纪早期，传教活动增多、殖民统治建立，基督教才真正确立下来。基督教声称，愈3/4的赞比亚人都是其信徒，尽管许多赞比亚当地的传统观念仍然存在（并可能与基督教信仰共存）。西方思想的灌输，尤其是基督教宗教活动无疑对赞比亚人看待世界的方式产生了影响。韦伯斯特新世界词典第三学院版将"世界观"定义为"一种全面的，尤其是个人的，关于世界及人类生活的哲学和概念"。因此，很难弄清楚究竟是什么影响了个人性格，并作用在1 000多万人身上。毕竟，赞比亚人的世界观，跟其他任何地方一样，都受到自身的经历、记忆、所处环境以及宗教或精神信念影响。因此，财富、教育、资源的获取等都会影响到个人对世界的看法。此外，由于世界观的概念不能简单地运用在整个国家基础上，却有可能从个人或集体角度，确定一些影响生命和生活的特点，这些都塑造了人民的观点（即使并非所有这些

都发生在该国）。所有这些因素当中，宗教是最重要的。因<span></span>26
此，我们一起来讨论一下宗教和世界观。

在基督之前的殖民时期，大多数居住在如今赞比亚境内的
人的世界观都受到了周围环境的影响：他们与邻国的关系以及
与自然的关系。反过来，这又影响了他们的精神世界以及他们
是如何想象上帝，从而影响了他们的关系，形成某种良性循
环。因此，可以说，宗教和世界观之间有着千丝万缕的联系。
在前基督教时代，世界观的概念局限于非常狭隘的字面意义。
一方面，当时可知的世界相当有限，关系局限于邻近的群体，
一些人被视为奴隶，另一些则被视为敌人。全面地从精神层次
认识宗教，人们既需要看到神的本质，也要牢记祖先的角色和
影响力。基督教对宗教进行了新的诠释，更加正式和制度化，
从而改变普通赞比亚人与造物者、家人和邻居的关系。对于许
多人来说，精神生活，或者说宗教，是可以在教堂里实践的。
传教士引领了追随者，而在过去，宗教更为普遍。有趣的是，
一些当代基督教的做法可能与后者更一致，之后章节将做具体
讨论。

由于基督教的出现，尤其是在独立后作为赞比亚的国教，
赞比亚人的世界观不再只受西方宗教的影响，它们还受到了西
方经济、政治、文化习俗的影响。换句话说，后殖民时期的赞
比亚处于一个更全球化的环境中，因此相比若干年之前，更容
易受到世俗和非世俗的影响。自1964年独立以来，这种全球
性的曝光成倍增加。此外，越来越多福音派基督教的崛起，进
一步推动了当代赞比亚人世界观的形成，至少有大量的赞比亚
人开始追随这些宗教活动。因此，尽管该地区的主要宗教为基

督教，世界观是现代思想与以自然为基础的唯心论、社群主义和乐观主义的结合。如今的赞比亚被视为以爱好和平而闻名，与周围及国际环境和谐共处的国家。当然，世界观的组成可被视为跨越了前基督教时期及当代的文化特质，主要表现为：以家庭为中心、适应能力强、充满凝聚力，但认为这些特质不可改变将是错误的。事实上，无论是个人还是集体，世界观都并非固定的，各种力量都影响了大多数赞比亚人的观念，包括经济的不确定性、艾滋病和其他疾病，以及普遍的贫困。

赞比亚宗教活动的历史

与很多撒哈拉以南非洲国家一样，赞比亚人民参与了一系列传统的宗教活动，并在 19 世纪末基督教传入前一直坚持着这些传统的宗教信仰。即便是 19 世纪 80 年代末，大量基督教传教士涌入，大多数赞比亚人仍继续坚持传统的宗教活动。事实上，直到 20 世纪，基督教才算真正对大部分文化产生了重要影响。直到进入 20 世纪，赞比亚成为殖民地国家后，大多数赞比亚人才在 1920 年左右将基督教当作一种宗教或视之为信仰。重要的是，许多赞比亚人在信奉新的基督教后，还一直保持着许多传统信仰。许多传统信仰及其活动都在持续影响着赞比亚人的行为和文化规范。如今，赞比亚拥有所有主要的基督教派，但福音派教会的数量也在增长，且许多部分并不隶属于一个特定的基督教信仰传统。基督教在赞比亚人日常生活中起着十分重要的作用。

绝大多数赞比亚人都是基督徒（尽管缺乏精确数据，但总体超过 75%）。其他宗教存在感有限，如伊斯兰教和印度教，只在一些南亚裔中流行。此外，传统活动仍坚持在偏远地区举行，尽管有些人自认为基督徒，但他们仍然会参与进来。当今时代很少有赞比亚人只信奉传统信仰（请注意，这一点也成了估算基督教徒的变量，据统计基督教人口占赞比亚人口 72% ~ 90% 不等）。这跟如津巴布韦和肯尼亚之类的撒哈拉以南非洲国家的情况不同，那些国家传统仍在延续，并不太会受到所谓的现代宗教的影响。

本土宗教和宗教活动

像大多数非洲国家一样，精神生活贯穿着赞比亚文化。由于赞比亚的物质生活显然是艰苦和困难的，人们的精神生活便由某种超自然的力量引导着，并作用于人们日常生活。因此，上帝或自然、人们的祖先、魔鬼等等都是随处可见的文化。虽然这些已经随着西方的规范和行为的传播而减少，但大多数赞比亚人都认为，生活中少有事情是偶然发生的。

在前殖民时期，精神生活与一元化世界宗教类似。例如，即使在前期基督教时代，大多数赞比亚人相信有造物者，即无上之神。无上之神在各民族语言中表意不同：洛奇语称之为尼亚姆贝，西部地区称之为纳暂比，尼昂加语中称之为木龙古，汤加语中称之为莱萨。其作用在于掌管物质和精神生活。[①] 但是，人们认为无上之神并不是我们日常生活中的某个活跃角

28

---

① 这一部分是从罗伯茨《赞比亚历史》中引用的，第 73 ~ 76 页。

色。相反，它存在于精神世界。从这个意义上而言，传统的宗教活动不是一神论，精神是由不同的神灵控制的：祖先、自然或是个体。虽然这些本身并不值得崇拜，但神灵控制了一切：从天气到瘟疫，到获取食物，再到死亡和疾病等。在这种精神境界中，祖先对于各个民族而言有着非常重要的作用。尽管相较于其他传统的信仰，祖先与圣人的地位相当，却不应该将其视为守护天使。事实上，如若对祖先有适当的崇敬，祖先的灵魂会带来好运和成功，未能妥善安抚他们，则可能导致厄运和不幸。

所谓自然灵魂也很重要。比如在本巴人中，对无上之神和祖先灵魂的信仰是"以精神叫恩古卢为辅的信念"。这并不是自然的力量，而是他们所代表的居住地。恩古卢居住的地方具有奇怪的自然特征，如岩石或瀑布，在那里，他们可以从世袭的神父处得到他们需要的东西。自然灵魂并非死人的灵魂，他们有名字，还代代相传，有时还会让人想到不同国家的居民们。[1] 最后，个体精神控制了行为。

说到底，除了对人或神灵的看法有着不同的观点，赞比亚的传统习俗跟西方关于上帝和尘世的观点也是截然不同的。在许多赞比亚传统中，真正的、可观察到的世界（可见的）与精神活动是相互作用的，没有明确的界定线。同样，生和死的世界也没有明确的界限，而西方概念里则将二者划分得更加明确。

---

[1] 罗伯茨：《赞比亚历史》，第76页。

巫　术

巫术存在于赞比亚人传统的信仰体系中。尽管广受谴责，但它仍在许多群体中存在。如果前面所讨论的精神领域被看作是对超自然的积极解读，那巫术则可被视为远离祖先和神灵，带着非常负面的内涵。许多赞比亚人认为巫术是有用的；然而，巫术本身并不能算作一种信仰体系，因为它与坏的或者至少是可疑的行为以及无法解释的现象有关。换句话说，凡是无法用正常方法解释的行为或事件都会被贴着巫术的标签。它当然也就非常主观。所以，如果一个人运气不佳，或者反过来运气太好，都会被怀疑用了巫术。这些概念在当代观念和所谓的巫术实践中继续存在着。

西方学者认为，非洲的巫术引发了许多的问题。有些学者甚至利用巫术的存在来诋毁非洲，认为非洲还未实现现代化、倒退了，给非洲贴上标签，称非洲人民无法调整成现代化西方做法，不管民主、资本主义还是其他方面都是如此。[①] 当然，非洲巫术的例子已成为吸引了大量研究者兴趣的主题，特别是人类学家。大批西方民众对非洲产生了巨大的误解。甚至连巫术这个词，在西方都代表着种种恶行，比如女巫会、萨勒姆、马萨诸塞州以及 17 世纪的女巫审判等。因此，巫术的观念或做法在西方几乎都带有负面涵义。在许多非洲文化中，巫术也

①　帕特里克·查巴和吉恩·帕斯卡·达洛兹的工作应受谴责。参见：查巴和达洛兹：《非洲状况》，第 63~76 页。

29

通常是负面的，在最极端的情况下巫师会被放逐，甚至处死。然而与此同时，非洲关于巫术的概念比西方更细致入微。这也正是为什么大多数人类学家继续使用该术语，并承认巫术一词就是有问题的术语——由英语或法语不准确翻译造成。实际上它可以涵盖非洲各种魔法、超自然以及传统宗教习俗的某些方面。因此，在历史上，巫术能有好的和坏的形式，人类学家也承认当代对巫术研究让非洲显得更为神秘。

尽管并非有意导致了非洲的神秘化，但这并不会让人类学家停止对这一领域的研究。事实上，有人建议在赞比亚以及其他非洲国家，不但应继续进行巫术活动，而且应该在政治、文化甚至是宗教领域中让其复活，让其成为对抗现代化，尤其是全球化的手段。因此，巫术无论在前现代或传统的、现代的角度而言都是互相矛盾的。[①] 目前，尚不清楚巫术是否在赞比亚有明显复苏，但是巫术本身已经变得现代化。从某种意义上说，它已在当代生活、社会和政治力量中发生了作用。

关于这种现象，有一个突出的例子，就发生在前财政部部长和外交部部长卡泰莱·卡伦巴身上。卡伦巴被指控在服务弗雷德里克·奇卢巴政府期间，盗窃国有资产。2003 年 1 月正式被警察逮捕前，警察对其实施了三个月的搜捕。一些警察指控卡伦巴凭借巫术从而成功逃避捕获这么长的时间。警方报告说，当他们终于追上了卡伦巴，他贴着护身符以及拿着其他迷信物品，变得隐身了。根据警方报道，警察通过使用有效的巫术以及在巫医的帮助下才找到他。

---

① 西卡维，黛安娜：《面对"巫术"》。

30

36

一方面，警方指控卡伦巴——一个受过教育的世界主义者及前高级部长使用巫术。他们公开谴责这种神秘、绝望甚至是荒谬的行为。这样一来，他们有着双重用意：首先是使卡伦巴被蔑视和嘲笑，甚至更糟——传言中的巫师经常遭遇这样的命运；第二个目的是嘲笑这个公认为精明的人，视其为彻底非现代的人。然而另一方面，警方似乎对使用巫术来回击的方法感到很自然（或者至少是对在这种情况下声称使用了巫术的卡伦巴而言）。总之，警察既试图嘲讽，同时又赞成巫术的存在。即使是一个坚定的文化相对论者也会认为这种情况是离奇的，警方的行为的确让人匪夷所思。

基督教

前基督时代，关于无上之神的信仰或者其他信仰，如祖先，甚至巫术对善恶的表现，组成了赞比亚人的精神生活。当然，赞比亚人在前基督时代的精神生活，通过多种方式影响了他们现在的信仰。语言的威胁也出现在这个领域，包括莱萨、莱扎以及其他关于无上之神的本土名字，在今天都曾用来指代过圣经中的上帝。赞比亚社会非常虔诚地对待宗教的本质，也有助于解释大多数赞比亚人为何能拥抱基督教，且费时较短。

尽管以葡萄牙探险家为主的欧洲基督徒早在 15 世纪就与赞比亚人有过一些接触，但赞比亚人与基督教之间普遍和持续的互动从 19 世纪中叶才开始。最先将基督教介绍到赞比亚的是著名的苏格兰传教士和探险家大卫·利文斯通博士。他是 1851 年通过南非前往该地区的第一人。利文斯通爱好探险，

31

也立志于传播福音，这在他的遗产中有所反映。1874 年，利文斯通逝世后，他的故事在班韦乌卢湖附近的边境地区，也就是今天的坦桑尼亚传播开来，对其他传教活动产生了广泛的影响，也促进了殖民主义的扩张。利文斯通本人是一位苏格兰长老教会员，该教派在赞比亚东部地区和马拉维尤其有着重要的影响力，利文斯通曾在这些地方广泛游历。随后的传教活动包括罗马天主教、英国圣公会和浸洗会教派等。伦敦传道会确立了第一个传教任务，即 1887 年在曼布韦和 1889 年伦古建立布道所，而这些主动尝试的成果仅限于传播了福音。

尽管伦敦传教会在早期进展不佳，但其将非洲人变为基督教徒的使命很快展开，此举在本巴和洛奇人之间进展迅速，并从 19 世纪 90 年代开始就产生了影响。简单来说，新教在该国西部地区立足下来，罗马天主教则在该国东部地区扎了根。例如，1886 年，法国新教徒在洛奇一个叫塞福拉的小镇开始传教。后来，尽管洛奇的国王莱万尼卡在 1904～1905 年间从非裔美国教堂带回了南非黑人传教士（美国非洲裔），但这一努力还是由于经济问题失败了。① 法国传教士活跃在赞比亚东部，人们在 1891 年发现信奉罗马天主教神父的法国传教士在曼布韦从事传教活动。1895 年，一个传教士在本巴岛进行传教，而罗马天主教在现在的北方省有举足轻重的影响。

当然，基督教对非洲有双重功效：拯救野蛮、未开化的非洲人民，像打开经济领域一样打开他们的精神领域。虽然欧洲白人传教士（后来一些非裔美国人和非洲人也陆续加入）对

---

① 罗伯茨：《赞比亚历史》，第 180 页。

教会目标的热情在大多数情况下都是真诚的，但宗教是否促成了殖民时期的到来还有待商榷。事实上，1856 年，在利文斯通结束自己的赞比亚首次旅途返回英国后，他曾在剑桥向大众宣布："我会回到非洲，努力发展商业和基督教。"于是，二者被最重要的基督教传教士兼探险家联系起来。基督教直接或间接地减少了推行殖民主义的阻力。尽管没必要夸大基督教安抚赞比亚人的作用，但殖民主义的建立的确是奠定在欧洲的武器和圣经上的。套用卡尔·马克思的话，基督教有着"群众的鸦片"的作用，用来让非洲人接受他们所失去的，却又让非洲人民在殖民社会中受到歧视。尘世的苦难与救助的承诺相遇。有趣的是，对物质和财富积累千差万别的态度，说明了许多现代原旨主义新教教会，远不如殖民主义包容。

与此同时，有意无意间，传教工作对赞比亚的未来产生了影响。如第 3 章所述，传教活动最终促进了圣经翻译成本地语言一事。此举显然促进了教化，引导人们走向真理，却又在诸多方面不同于普通的殖民模式。毕竟，尽管基督教和商业给非洲带来的影响各有利弊，商业和随之而来的帝国主义剥削了非洲人和其所拥有的资源，使其成为欧非关系的主导力量。而基督教成为了一种交流工具——包括用同样的方式去理解耶稣和他的教导，以及其字面意义。这是因为传教士学校常为非洲提供第一个正式学习欧洲语言（通常英语）的教育机会。

在赞比亚，非洲人被视为支撑殖民经济的矿业和商业性农业活动的劳动力来源。因而，指导非洲人读和写并不一定有利于只需要有限技术、以工资为导向的经济。事实上，它们在某些方面是对立的。尽管如此，教会仍在教育中扮演了重要的角

32

色。他们修建学校，并培养了一批学生成为该国重要的领导人。许多非洲人从殖民教育中获益，并在后来成为了老师。许多这样的老师进而在赞比亚民族主义运动和独立运动中发挥了重要作用。非洲精英，如西蒙·卡普韦普韦及后来的总统肯尼思·卡翁达都在卢布瓦接受了殖民教育。卡翁达的父亲大卫最早从邻近的马拉维开始传教，后来去了赞比亚北方省。这些受过教育和宗教洗礼的精英，成为了 20 世纪 50 年代独立运动的领导人，最后终于帮助赞比亚取得了独立。

赞比亚当代的教堂

与罗马天主教早期扎根赞比亚类似，特别是在数量上占主导的本巴人之间，天主教徒是如今赞比亚最大的单一教派，占基督教徒总数的1/3。其次是其他传统新教教派，如圣公会教堂。其他活跃的派别包括基督复临安息日会与耶和华见证会，两者在近一个世纪的时间里，都在卢阿普拉省打下了坚实的基础，并曾多次与卡翁达政府发生冲突。大部分非教派的新教教堂数量增长得最快。这些教堂不仅建在赞比亚，而且遍布大多数撒哈拉以南非洲国家。重要的是，鉴于基督教在该国占有主导地位，有信徒信奉福音派教会，那么信仰其他传统宗教的人自然也就减少了。

这些新教堂吸引人的形式多种多样。举例来说，尽管越来越多的传统基督教堂没有沿用标准的西式，而是采用更本土化的非洲韵律进行歌唱与舞蹈，但拥有魅力的新教会更倾向于用热情洋溢的演说，并辅以一定程度的歌唱与舞蹈形式向观众进行布道，大大增强了其生动性。由于年轻一代的赞比亚人不再受制于先辈们的传统信仰（很多人抛弃了先辈们的基督教信仰），因此教会成员的年龄也进一步变小。他们还加入了一些传统的元素：歌唱、舞蹈以及描述传统的赞美诗。（有趣的是，罗马天主教礼拜仪式中也加入了歌唱、击鼓、舞蹈等，但这仅限于合唱团以及其他教会人员，而不适用于普罗大众。）

34

除了采用赞比亚音乐剧以及传统文化形式外，赞比亚主要的教会模式是美国式的。事实上，美国的电视传教者，例如比利·格兰姆、本尼·辛、T·D·贾克斯等的节目经常在赞比亚国家电视台上播出，深受普通民众的欢迎。社区教堂是从美国进口到赞比亚基督教会的独特且具有重大影响力的形式。巨大的"灵粮堂"在这些教堂中脱颖而出，并于 2005 年建成了一个可容纳 1 万人的庞大浸信会教堂，一起落成的还有一个教会学校以及一个小学。新的建筑还预设了三个演播室，用于播出电视以及电台节目，这标志着美国电视布道在赞比亚获得的巨大成功。事实上，正如第 3 章所论述的那样，基督教电台节目已经在赞比亚获得了一席之地，其中有在卢萨卡以及铜带省制作以及播放基督教音乐的基督之声电台（电台的一些节目在英国制作并通过卫星传送），以及播放天主教节目的面纱电台。

总体来说，传统的、基础性的基督教堂充分适应了资本主义，对财富以及炫耀性消费有着极大的容忍性，类似于美国教会。事实上，多数随着 20 世纪 90 年代经济自由发展中一同成长起来的中产阶级，在这场运动中找到了自己的方向，因此这样的成就值得庆祝，而不是被批判。毫不意外的是，近年来基督教信仰虽然教义仍然一致，但各派关于政治和公众表达观点上的差异越来越大。

1991年，自称是再生派基督教徒的克里斯蒂安·富德里克·奇卢巴当选总统，教会运动达到高潮。奇卢巴宣布，赞比亚是基督教国家，并在1996年将这一箴言写入了赞比亚宪法中。结果必然是，很多赞比亚人对这一行为担忧而又愤怒，这些人包括宗教人士，也包括那些倡导信仰自由与包容的人，他们认为奇卢巴这一举动多此一举，还暗示着分裂。此外，奇卢巴还宣称，对婚姻不忠、大量的腐败（他在2003年因此受审）和权力的滥用，都不是基督教徒的行为。因此，多数赞比亚国内外的观察员认为，宣称赞比亚为基督教国家只是为了满足其操纵国家而获得个人政治利益的行为。庆幸的是，宗教宣言对赞比亚非基督教人群并未产生重大负面影响。虽然这仅仅是一个政治手段，但其潜在的象征意义却十分重要。

为反击奇卢巴以个人政治目的而利用宗教，赞比亚传道士帕斯托·奈维斯·蒙巴，开始使用类似美国电视传教的方式，参与赞比亚政治，以督促赞比亚的基督教发展迈入正轨。随着公开政治演讲不断增加，帕斯托·蒙巴将他的教会组织全国基督同盟变为了政党全国公民联盟，并通过政党参选了2001年的总统大选。尽管蒙巴最后选举落败，这一行为也不应该被看作是赞比亚公民对宗教政治地位的表决。事实上，尽管没有任何从政经验，蒙巴还是于2002年被总统利维·姆瓦纳瓦萨任命为副总统，直至2004年卸任。另外，教会继续在赞比亚的政治中扮演重要角色：例如，2001年在绿洲论坛上，全民参与并获得成功的反奇卢巴连任的"反第三届连任"活动。随后，赞比亚的许多基督教会组织，以及赞比亚新教联合会，都在为公民伸张权益、曝光奇卢巴的违法行为（1991～2001年）中发挥了重要的作用。

伊斯兰少数民族

尽管穆斯林只占赞比亚人口的1%左右，但其在社会中具有重要位置，尤其是在卢萨卡和利文斯顿。大多数赞比亚的小型穆斯林群体都来自印度次大陆；印度人在殖民时期被英国人带到非洲，服务英国的商人阶级。随着时间的推移，他们的商业利益不断累积，并且在后殖民时期持续繁荣。总体而言，印度人的穆斯林社区凝聚力非常强，但完全不封闭，跟肯尼亚和坦桑尼亚类似的少数民族群体有些相似。例如，社区的清真寺，经营场所和住所往往近在咫尺。这方面的一个突出的例子是位于卢萨卡卢布玛、马德拉斯和靠近卡马拉的地方，这里除了是一个繁荣的商业中心外，还拥有赞比亚最大、历史最悠久的清真寺之一。

其他的穆斯林是阿拉伯裔或中东裔，也形成了一个中产阶层。赞比亚的黑人穆斯林一般都自然地改变了他们的信仰，这些人主要是来自西非的移民。有趣的是，几乎没有黑人穆斯林过着富裕的生活，他们经常被认为是较低的社会阶层。有时，他们被嘲笑为塞内加尔人，无论他们是否来自塞内加尔。塞内加尔人是第一批大量来到赞比亚的黑人穆斯林，但关于该群体并无具体的数字。

重要的是，1996年关于宣布基督教作为国教一事饱受争

36

43

议。而实际上，一般来说，仅有少数的非基督徒在该国，则意味着该国是基督教国家。基督徒和穆斯林之间常有冲突，但在如尼日利亚这样的国家更封闭的社会中，鲜有群体冲突。此外，基督徒和穆斯林冲突发生多是由于经济问题，而非宗教差异。例如，赞比亚黑人以及那些印度裔（有可能是穆斯林或信仰印度教）偶尔会发生冲突。但是，更多时候是由于受到歧视和社会运动的影响，而非宗教本身的影响。总的来说，不同的宗教群体之间，还算能够和谐相处。

2004 年，姆瓦纳瓦萨总统竟然公开指责赞比亚穆斯林的形象太低端。在一次访问马卡尼穆斯林中心时，他恳求穆斯林群体更积极地参与政治活动。他赞扬了马卡尼穆斯林社区，这里的医疗诊所每月服务超过4 000个病人，而且还建立了小学、中学以及职业学校。事实上，该总统对宗教宽容的美誉曾帮他得到了卡布韦穆斯林协会的支持。该协会指示其成员在2006年的总统选举中投票给姆瓦纳瓦萨及多党民主运动。虽然从选举的角度来看微不足道，但这些支持有着重要的象征意义。赞比亚的大伊斯兰议会普遍赞同姆瓦纳瓦萨的呼吁，即应鼓励更多的穆斯林参与政治活动，尽管选举采用的是无党派的立场。大伊斯兰议会呼吁其成员登记投票，并且理智地投票，甚至作为候选人参加选举。

印度教和其他少数民族教派

尽管大多数印度血统的赞比亚人都是穆斯林，但也有相当一部分人信奉印度教。与他们的穆斯林同仁一样，在赞比亚长期居住的印度教徒最早是在殖民时期作为经商者们被英国人带到非洲的。如今，印度教徒形成了规模较小、很有凝聚力的团体，居住在全国各地的城市中，但大部分都集中在卢萨卡、铜带省和南方省，主要在卢萨卡、恩多拉和利文斯顿的商业中心里。在全国范围内，位于卢萨卡的印度教教堂是最著名的宗教和公共设施。赞比亚印度教会的分支机构和印度教寺庙都位于城市，包括恩多拉和像卡富埃一样的小城镇。比如，南方省小城蒙泽的印度教寺庙，便是该地区印度教徒的文化中心。

　　虽然因为宗教偏见和阶级敌视，有时会引发暴力事件，但信仰印度教的赞比亚人还是积极参与经济和政治事务。然而，1996年，利文斯顿发生了持续三天的骚乱和抢劫，那些由城市富裕阶层的印度教徒和穆斯林群体所拥有的商店成为了明确的目标。但是，富有的信仰印度教的赞比亚人慷慨地向低收入家庭进行了捐助并开展了其他慈善事业，在民主化运动中发挥作用。此外，在同一年，利文斯顿又发生了反亚裔的暴力事件，时任奇卢巴政府的内阁部长迪帕克·帕特尔，退出了多党民主运动。之后，他又作为独立人参加议会竞选。帕特尔，一个印度裔的印度教教徒，击败了黑人和基督教多党民主运动候选人，赢得了卢萨卡的中央选区。① 帕特尔是一个公开批评第二届奇卢巴政府并被总统府反复骚扰的人。尽管如此，他还是被任命为姆瓦纳瓦萨政府的商业、旅游和工业部部长，与奇卢巴划清界限。

　　在后殖民时代，民族宗教传播到南亚次大陆，此举推动了

———————

① 塞莎曼尼："一位印度教信仰者看赞比亚是一个基督教国家的声明"。

信仰印度教的赞比亚人取得商业成功，促进了赞比亚和印度之间的重要的政治和经济合作。2003 年，赞比亚与印度签署了贸易合作协议，第一夫人莫琳·姆瓦纳瓦萨在卢萨卡举办的印度馆主持了印度舞蹈文化交流。在接下来的一年里，印度教舞者在赞比亚独立四十周年的庆祝活动中发挥了作用。

虽然大多数赞比亚犹太人在 20 世纪 60 年代离开该国，但仍有一个小的犹太群体继续居住在赞比亚，主要集中在卢萨卡。赞比亚犹太人极其多元的渊源，可追溯到 19 世纪末第一个犹太定居者抵达并确立了自己作为商人和农民的地位。多年来，这些说意第绪语的犹太人中加入了来自前奥斯曼帝国说拉地诺语的犹太人，以及来自南英国和爱尔兰的盎格鲁人。第二次世界大战结束后，大量在大屠杀中幸存说德语的犹太人陆续抵达该国。如今，只有相对少数的犹太人依然留下来，而他们却在赞比亚的商业和政治中发挥了十分突出的作用，包括 1991 年被总统奇卢巴政府任命为副部长的西蒙·朱卡斯。

赞比亚的宗教冲突与对话

38

为了保持其和平传统，后殖民时期的赞比亚大体上朝着宗教包容和文化多元的方向发展。然而，这并不是说赞比亚人在本质上就对其他信仰宽容，尤其是那些主流基督教之外的信仰。卡翁达总统与耶和华见证者们发生冲突（虽然这无可否认更多是政治而非宗教原因引起的；他们在卢阿普拉有重要地位，但拒绝投票、拒绝向国旗敬礼或唱国歌，激起了联合民族独立党和卡翁达的愤怒，进而导致他们被污名化）。[①] 其他的例子包括掩盖非洲穆斯林的特点，同时告发巫术及使用巫术的个人（虽然巫术的确时有发生）。

发展迅速的基督教五句宗教堂，起源于巴西，2005 年 12 月因其前成员声称其从事撒旦活动以及杀人祭祀而被关闭。事实上，这已是赞比亚教会的第二次行动，它在 1998 年曾因相似原因而被关闭。关于撒旦或巫术的指责，无论其基础如何，都是一个用来压制个人和制度，被视为威胁的方法，且从文化角度而言非常陌生。安德森·马佐科，一个杰出的政治家，2001 年总统竞选中第二受欢迎的候选人，曾在 20 世纪 90 年代末被诽谤为共济会成员，当时少有赞比亚了解这个群体。他的政治对手将其描述成对恶魔崇拜和使用巫术的人。这些指责迅速引起了公众的注意，使得马佐科转入守势，最终不得不放弃了其在该组织中的成员资格。类似事件还发生在 20 世纪 90 年代的利文斯顿小镇上，在被当地居民指责以仪式的形式谋杀了几位年轻的赞比亚儿童后，数位印度裔的印度教店主们遭遇了私刑。

然而尽管发生了这些事件，以及其他一些让人无法容忍的例子，但在赞比亚，很少会因为宗教原因导致暴力冲突。在某种程度上，这可以归因于该国对宗教多样性的限制，毕竟非基督徒只占赞比亚人口的很小一部分。意识到自身的状态，少数群体也倾向于保持低调，避免参与有争议的政治和社会问题。因此，作为非洲最稳固的基督教国家之一，赞比亚很少发生宗教间冲突。此外，尽管教义有所分歧，各基督信仰团体的领导

---

① 罗伯茨：《赞比亚历史》，第 250 页。

人已经证明为赞比亚的共同利益（如绿洲论坛）而合作的能力。当然，这种合作关系可能会改变，基督教福音派变得越来越有影响力，这可能会与更为成熟的传统的基督教信仰，如罗马天主教和圣公会产生矛盾。如果主流教派持续失去自己的信众，教徒们转向更激进的福音派，则会让主流教派感到危机。

但是，宗教也不太可能在未来的赞比亚引发政治分裂。事实上，宗教是多种身份来源的一种表现方式：种族或部族、语言、阶级、党派和社会等均能反映出人们的社会属性。事实上，1996 年的基督教宪法也未能挑起持久的紧张局势，表明赞比亚尚未就宗教问题准备好战斗。即使是政治家们活动起来，挑起宗教情绪，无论是好是坏，都不可能走远。应该注意的是，讷韦尔蒙巴，在很大程度上利用宗教平台参与竞选，却毫无意外地在 2001 年的选举中失败，而宗教信仰相对隐蔽的姆瓦纳瓦萨获胜了。

说到底，宗教是赞比亚人生活的重要方面。自 19 世纪后期开始，宗教表现方式主要是信仰基督教，但传统的精神信仰以及一些融入赞比亚各种文化中的传统活动依然存在。与此同时，对于大多数赞比亚人而言，他们在 21 世纪早期的生活，将会变得更加复杂和困难。事实上，这也是充满挑战的：周期性干旱和粮食短缺已经在第一个十年有所表现，艾滋病、经济混乱、严重的失业和贫困持续打消着大多数赞比亚人的野心。许多人通过宗教传统来获取安慰。因此，尽管面对着各种各样的问题，前路未必一定顺利，可能时有波动，但赞比亚人民独特的精神生活，以及教会作为机构带给他们的力量，将持续帮助他们形成主流价值观。

3. 文学和媒体

赞比亚文学传统与许多非洲国家一样，形成时间晚，范围也较窄。肯尼亚、尼日利亚和南非等国家为非洲文学创造了辉煌的成就，其作者在非洲和全球都享有声誉。与之相比，赞比亚可谓相形见绌。近几年来，由于科技进步，赞比亚的广播媒体覆盖面有所扩大，然而，平面媒体无论在覆盖面还是数量上仍旧处于短缺状态。导致这一现象的原因包括殖民遗留问题、民族语言繁多、人口问题及持续存在的经济问题。

19世纪90年代，英语伴随着英国的殖民统治传入赞比亚。几十年后，当地语言被译成英语，其中以圣经的翻译工作居多。传教组织在殖民时期的学校中占据着主要地位，因其影响时间有限，极少有赞比亚人能得到正规的英语培训，就连习得本地语言的机会都少之又少。此外，赞比亚人口仅为1 100万，对于一个国土面积相当于美国加利福尼亚州的国家而言相对偏少。赞比亚50%的人口集中于铜带省及卢萨卡这样的大都市区，剩余的人口广泛分散在全国各地。农村人口普遍接触不到教育及媒体等资源。

大多数赞比亚人，尤其是生活在农村地区的赞比亚人，在家中说本地语。英语是全国学校的教学语言，在城市的多语言环境下，学生从一年级起便开始学习英语。在农村，学生最迟从小学三年级开始学习英语。事实上，那里所有的学生都说着相同的母语。15 岁以上的赞比亚人中，约有 80% 识得英语。这对于一个有着如此丰富历史和语言的国家而言，可以说非常不可思议。不过统计数据也表明，尽管英语是赞比亚的全国性语言，并非所有赞比亚人都能够识得，或者流畅使用英语。相对而言，完全识得母语的赞比亚人口数量更要少得多，这样看来只有小部分作品以母语发表便不足为奇了。这与我们稍后会讨论到的社会属性、教育模式和社会倾向有关。人们可以通过参加诸如赞比亚大学语言项目等高等教育机构课程进行学习。小学或中学会将当地的第一语言列为一门专门的课程。

相较于文盲问题，英语著作的匮乏更多是由于经济制约。由于国内市场需求小，赞比亚出版业规模很小。报纸是目前赞比亚最广泛的传播媒介，仅有几家报社的报纸在全国出版发行，发行范围集中于城市地区，规模相对较小。由于出版和运输的成本问题，印刷公司向内陆地区发售报纸并不划算；对贫穷的农村地区而言，报纸则算是奢侈品，几乎没有人能做到经常性购买。

国内外书籍普遍短缺，加之能接触到的报纸杂志有限，大多数赞比亚人便藉由广播媒体进行娱乐，获得新闻消息。电视信号主要限于城市地区，电视机本身也十分昂贵，广播便成为了最主要的信息传播工具。不过并不是所有地区都能接收到广播信号。

其他两种交流方式也值得探讨——一种是古老的口头传

述，另一种是新生的互联网交流。前一种方式是赞比亚社会的一部分，融于赞比亚悠久的传统中，后一种方式影响范围很小。它们都是维系整个社会、传统甚至是语言的重要方式。因此，本章首先将探讨口头传述在文学及媒体（包括印刷和广播）直至互联网等新兴科技手段成为常规交流方法之前，其在赞比亚文化和社会中的地位，展示了赞比亚人从古至今传播信息、文化及娱乐的方式。

语言和文学

口头传述的传统

赞比亚各部落出现书面文学创作仅是一个世纪之前的事情。历史上，所有部落都是靠口头传述将创世神话、谚语和民间传说代代相传。尽管中间夹杂着书面传述，其作用也仅限于补充口述内容，并未取代口述的地位。直至今日，村落里还有些讲故事的人。不同于某些西非文化，叙述者通常仅限男性，且在两代间指定进行；赞比亚村落里的叙述者有男有女，他们可以将故事讲述得绘声绘色，抓住听众的心。

当然，故事叙述者不局限于农村地区。城市地区的现代媒体娱乐方式着实威胁并削弱了那些传承文化习俗的传统方式。在家中，叙述者们会在晚饭后开始讲故事。事实上，本巴人间流传着这样一句话："若你在白天讲了故事，父亲会变成一只

猴子，母亲则会变成一碗结块的凉粥。"① 这一禁忌虽不是硬
性规定，大多数本巴人却也从小耳熟能详。不过，那些流传的
故事不仅仅是读者们所熟知的那种睡前故事，它们的性质更倾
向于互动和表演。正因如此，这一形式才兼具娱乐和传承那些
对多样文化而言十分重要的规范、价值观以及习俗传统的功
能。口述故事内容通常说的是超自然现象以及纯粹的道德故
事。那些看似讲给儿童的故事中同样有着少儿不宜的元素。正
如广为人知的安徒生童话或格林童话那样，赞比亚的民间传说
也有黑暗暴力的一面。②

　　事实上，赞比亚各部落都有自己代代相传的故事。例如南
方省的通加族，他们的故事主题通常围绕着家畜所有权及传统
习俗展开。包括通加在内，许多部落流传故事的主角多为动
物。某些性格特征会与各种动物联系在一起，最强壮的动物通
常会输给那些更足智多谋的劣势者。比如在"野兔与大象"
的故事中，野兔体格虽小，却十分聪明狡猾。熟知赞比亚传说
故事的人指出，故事中的动物虽然习性行为与听众平时所知的
并无二致，却仍能为故事叙述者和听众留出巨大的想象
空间。③

44　　广播媒体，尤其是无线广播，对讲故事的传统起到了补充
以及一定程度的取代作用。赞比亚无线广播不时地与这些传统

① 白人教父："本巴语—英语字典"即录史弥（lushimi），引自莱曼的《赞
　　比亚民间故事》，第16页。
② 萨哈：《汤加首领历史》，第95页。
③ 同上，第95～96页。

进行融合。20 世纪 70 年代至 80 年代最受欢迎的广播节目
"晚间闲谈"便是一个例子。该节目以每周半小时连载的形式
用尼昂加语广播，甚至在首都卢萨卡都广受听众喜爱。另一个
相似的节目宜芙雅布卡雅（意为"你应知晓之事"）则用本巴
语讲述故事。有趣的是，宜芙雅布卡雅如今已再次回到了广播
节目中，并广受新一代赞比亚人喜爱。

　　本巴、尼昂加和通加等较大的语言部落不会面临着本地语
言消失的威胁。即便如此，由于赞比亚全境用英语交流的人越
来越多，许多口述传统如今都不出意外地饱受着威胁，更不必
说那些较小的语言部落了。虽然在英语中，民间传说和其他交
流传统也有一定的固有价值，翻译过程却会带来不少内涵价值
的磨损。更令人担忧的是，这一切都发生在急剧变化的文化环
境里，语言和传统都以极快的速度稀释和消失着。在赞比亚，
不少家庭可能保留着这些传统，然而其数量却比不过塞内加尔
及冈比亚的民间艺人。几个世纪以来那些民间艺人一直扮演着
口述传承家族社会传统故事的角色。每一位民间艺人都会将那
些故事传给下一代，让它们得以代代相传。正因缺少这一习
俗，赞比亚目前面临着失去群体记忆和家族历史的双重危险。

　　多数情况下口述的内容不会被转写到书面上。这在后面的
章节会提到。在赞比亚文学中，那些多样的文化历史和民间传
说，无论是以母语，还是以英语记述，保留下来的都很少。尽
管一些故事已被印刷成大众读物，大部分非洲口述传统还是存
在于民族历史学者的著作中，其中以西方学者的著作居多。

文学传统的形成

1891 年左右，最早的天主教传教士"白衣教士"从法国来到赞比亚。他们的目的与南非公司的英国官员截然不同。南非公司圈划了如今国土的范围，西方宗教团体只是整个殖民帝国的一部分。白衣教士活跃于赞比亚今天的北方省地区，最初集中于曼布韦，后来向本巴蔓延。他们在当地建起几个传教机构，并将本巴语确立为首席语言之一，以进行宗教和教育材料的文本翻译工作。早期的书面文本包括 1907 年出版的第一部本巴语法以及 1923 年的新约译本。[①] 在此之前，不少非洲人在殖民统治的前三十年习得了英语，口语及书面形式都有所涉及；然而，那时并没有一门非洲语言是以书面形式呈现的。后来，本巴语的口头和书面形式传进了其他地区，以铜带省和卢阿普拉省为代表，最初在矿工之间传播，后来成为了那里的通用语。

最初，白衣教士盘踞在北方省地区，不得不依靠当地受过教育的非洲人来提高当地人的英语读写水平，传播新的书写语言。殖民时代早期，国家不再亲自推动这一工作，而由教会学校和教堂代行之。白人教士和普通民众十分依赖当地的非神职布道者和教师，藉由他们传播书写语言。1964 年赞比亚独立后，全国的小学和中学开始大规模地教授赞比亚口头及书面语言。

例如，"在卢阿普拉和铜带省北部，本巴语是 4～12 年级

① 斯皮图尼克和卡什奇："本巴：一个简洁的语言档案。"

学生的教学语言……宗教文本的常规性出版、小说、诗歌和文学评论的周期性出版，以及传统民谣的间歇性录制，都是人们为保留和推广本巴语所做的努力。"

这一努力虽值得称赞，却对赞比亚较小的语言部落造成了直接的不利影响。如同其他赞比亚学校教授本巴语那样，西部省省会芒古的小学也会教授洛奇语，即使如此，全国 73 种语言中仅有 7 种被用于教育工作。除了洛奇语、本巴语和英语，被优先用于教育、大众媒体和政府文件的语言还有卡昂得语、卢瓦勒语、隆达语、尼昂加语以及通加语。①

英语大众文学

如前文所述，在这种条件下，赞比亚作家若想笼络国内读者将面对诸多挑战。因此，他们在国际上默默无闻也就不足为奇了。冰微·辛央韦是个例外。这位作者的两部新作《欲望之翎》（1996）及《希望之贝》（2000）均以英语写成。前一部作品由曾经盛极一时的津巴布韦哈拉雷猴面包树书局出版发行，后来南非海涅曼出版社也出版了此书。不过辛央韦的后一部作品更有纪念意义。该书是赞比亚唯一入选海涅曼著名的非洲作家系列丛书的作品。这虽然证明了辛央韦的国际成就，也暴露了赞比亚作家数量匮乏及难以接触国际性出版社的事实。辛央韦本人也对此表示认同。

《希望之贝》一书的成功，得益于它切合时代的主题：艰辛拉扯着十几岁女儿的年轻寡妇，20 世纪 90 年代的普遍贫

46

---

① 斯皮图尼克和卡什奇："本巴：一个简洁的语言档案。"

困、腐败以及肆虐的艾滋病。可以说，《希望之贝》向读者展现了赞比亚人在动荡的 20 世纪 90 年代中所面对的种种绝望。十年间，赞比亚人最初怀抱着伟大的民主前景，却迎来更为贫困且没有安全保障的结局。艾滋病肆虐后留下的创伤让整个国家变得更为虚弱，医疗卫生系统破碎残缺，民主也可悲地退化着。其中女性是受伤害最严重的群体。辛央韦曾说：

"90 年代生活十分艰苦。一切金钱至上，根本没有友谊可言。80 代出现的全球性新型疾病如同垂钓者一般坐在河边，引得人们纷纷上钩……抓耳挠腮甚至投胎都没用。这个年代就是如此危险、艰苦又恶毒无比。"①

其他赞比亚人也参与文学创作活动。其中一些人正寻求方法出版作品，自费出版便是选择之一。女作家汉尼烈·祖鲁便自费出版了《谈判之血》，其作品还包括《小坏蛋》等。赞比亚学术作家也渐渐找到了出版途径。然而由于当地出版业不像津巴布韦和南非那般规模巨大，从而制约了作品的发表。

本土语言文学：衰落还是复苏？

在一些非洲国家，用本土语言写作俨然成为了一种风潮，就连著名作家也参与其中。使用欧洲语言写书和故事必然能拥有更大的读者群，但使用本土语言促进和保护文化本身才是这些作家的兴趣所在。实际上，有研究显示世界上 50% 的语言将会在本世纪消失，其中包括大约 400 种，即一半的非洲语言。在肯尼亚主办的一次会议上，联合国环境规划署指出，全

① 斯杨威：《一货贝的希望》，第 30 页。

世界已有 234 种语言消失，在赞比亚、莫桑比克以及津巴布韦所使用的奇坤达和迪马方言也面临着灭绝的危险。

在一定程度上，为了应对本土语言危机，一些非洲作家，比如著名的肯尼亚作家恩古吉·瓦·提安哥，选择只用自己的母语（即基库尤语）写作。然而，大多数非洲作家并没有那样的魄力。因为恩古吉选择只用基库尤语写作时，已经是一个知名作家了。他确信自己的作品会被他人翻译成英语，从而继续在肯尼亚和世界上赢得广泛的读者群。近年来，南非和津巴布韦等非洲其他国家的作家已经选择用本土语言写作。赞比亚并没有这样的国际性著作，其本土使用的也只有少数著作，且主要用于教育目的。

例如，在首都卢萨卡本就为数不多的书店中，很少能找到赞比亚作者所著的作品，只有少数的地方传记以及用于小学教育的教材和练习册。事实上，教育出版相对来说可能会有更多的出路。2000 年，该行业大约有 10 家公司；然而，1966 年至 1991 年，教育出版由国有控制的赞比亚教育出版社掌控。如上所述，当地民营出版业规模小；此外，只有很少消费者能负担得起书籍费用，从而产生了供需问题。

媒　体

像许多非洲国家一样，国家是媒体商业中最大的玩家。官方媒体是一党制国家的遗留问题。在一党制国家，唯有政府可以通过印刷、电视、和广播新闻向大众传播信息。国家甚至还控制了音乐和其他娱乐节目的放送。一党制国家的消亡，以及

自 1990 年以来赞比亚开始实行的政治自由化运动，给电视广
播带来了重大改变。尽管国家仍扮演着重要的角色，并保持其
对几个关键官方媒体机构的所有权。赞比亚目前已拥有了虽然
小但充满活力的私人媒体。首先出现的是私人报纸，接着是私
人无线电台，这使赞比亚的信息获取民主化。赞比亚人不再只
从政府方面获知政党路线，而是越来越自由地从不同的渠道和
视角对社会条件、经济、意识形态，尤其是政治得出自己的结
论。尽管如此，由于官方媒体拥有政府补贴以及赚取广告收入
的能力，所以他们必定是媒体市场上的主要角色，即使在今天
也是如此。

48
报纸和杂志

官方媒体

如上所述，媒体的主要所有权归政府所有的情况并不仅限
于赞比亚，甚至囊括了整个非洲。事实上，在非洲大部分地
区，国家所有权本身就是殖民时期一个遗留问题。当时欧洲列
强为了控制信息的传播和宣传，主要是向欧洲人传播。独立
后，非洲领导人仅仅是接受了对国有媒体机构的掌控，并在某
些情况下扩展了其掌控力。然而有趣的是，赞比亚官方最大报
纸《赞比亚时报》一直由私人持有直到 1975 年——赞比亚独
立 11 年后。赞比亚的两大主要官方报纸是《赞比亚时报》和
《赞比亚每日邮报》。由官方媒体公司所有的这两大报纸均在
其报头宣布其独立性：例如，《每日邮报》坚称它效力于"没

有恐惧或偏爱的国家"。然而，仔细观察后，这点很难令人信服。

1991 年之后，当局承诺对官方媒体进行周期性私有化。毕竟，官方媒体充当肯尼思·卡翁达的统治工具长达 27 年之久。然而卡翁达的继任者，弗雷德里克·齐卢巴和多党民主运动发现《时报》和《每日邮报》可以成为他们宣传自己的有力工具，就像它们已经为其前辈在联合民族独立党所做的一样。因此，与卡翁达统治下不同的是，在齐卢巴有名无实的民主政府下，这两大报纸从未被私有化或成为亲政府的爪牙。这意味着政府有了迅速且能广泛传播的工具，能够借此传播其希望公众获知的所有声明或看法。此外，实际上这两大报纸被禁止参与对政府政策，当然，也包括对总统的任何抨击。相反，其社论要一致赞扬在其他地方被抨击的总统策略以及带有亲政府倾向的报道。总统利维·姆瓦纳瓦萨政权下，仍旧延续着这种模式。

虽然姆瓦纳瓦萨政府在很多方面比其前任有更多的政治自由，并自 2002 年 1 月姆瓦纳瓦萨总统任期以来，已经在透明度和问责制方面取得了一些的成就，但是媒体仍然受制于政治影响和政治压力。由于很明显的原因，社论版不愿批评，事实上，反而是大力赞扬了现任政府（当然包括总统，尽管偶尔也会批评不合拍的部长或国会议员）。然而，更令人不安的主要是对记者的隐性约束。国家所有权以及对当权政府的政治崇拜不仅仅会影响编辑们；也会影响刊登在报纸上的故事的类型及其呈现方式。因此，鉴于明确非政治性的故事——比如对社会或文化活动或商业新闻的报道——没有任何明显的偏见，政

49

治故事则总是倾向于执政的多党民主运动，特别是总统姆瓦纳瓦萨。

私人媒体

赞比亚有一些活跃的且有胆识的私人媒体，它对偏袒的官方媒体进行了至少一部分的匡正。在 20 世纪 90 年代政治自由化之前，为发展私人报纸所作出的努力通常都以失败告终，《周日邮报》便是其中之一。20 世纪 80 年代，在出版发行了几个月后，该刊就被迫关闭了。今天，显然最著名的私人报纸就是《邮报》（与之前的有相似名字的报纸无关）。《邮报》作为周报由几个相关的商人和许多有才华的记者于 1991 年 7 月发行的，当时正值卡翁达政权进行新的政治改革。《邮报》伊始，只有另外一家私人报纸，那就是限量发行的《国家镜子》。《每周邮报》在多党民主运动以及赞比亚政治自由化下应运而生，在当时很快就以对卡翁达政府最后的统治进行尖锐批评而著称。事实上，《邮报》是反对派政治家和公民社会成员的主要发言机构。其宗旨和编辑政策可以在《邮报》的网站上找到如："我们的政治任务是质疑当局，以及所有行使或渴望行使凌驾于普通人的生活之上的社会、经济和政治权力的人的政策和行动。我们将致力于保护和发扬新兴的民主政治文化。我们希望通过我们自己的调查、报告和分析而产生的议题开展运动，使个人的基本权利和自由得到保障。"

《邮报》确实帮助了多党民主运动党 1991 年 10 月的上台，但该报保持了一个真正独立的话语权，毫不犹豫地批评了奇卢巴政府的行动。事实上，《邮报》对多党民主运动党政府的抨击遭到了怀疑，且偶尔还会遭到批评目标及其政治支持者的恶意反击。弗雷德米·蒙·门贝主编与《邮报》的几个高级助理和记者遭到了政治家和保安官员的多次骚扰。偶尔，《邮报》的官员还会面临暴力威胁。虽然《邮报》记者和编辑们在很大程度上避免了身体上的伤害，如从 1990 年代末开始对待津巴布韦记者所施的酷刑，但是他们经常成为州政府官员的目标。20 世纪 90 年代，随着多党民主运动变得越来越独裁，包括弗雷德米·蒙·门贝在内的记者们，无数次因似是而非的指控被逮捕。第一次是在 1993 年，另两个著名事件发生在 1996 年和 1997 年。即便如此，事实上类似事件并不仅限于这 3 次。

国际上的保护记者委员会于 1997 年发现，《邮报》在 1991 年至 1997 年之间收到了多党民主运动党超过 100 张的传票。该委员会指出，"在非洲，赞比亚关于记者的悬而未决的法院案件是最多的，国家意图使独立媒体丧失经济能力。在处理此类事件上负担过重的司法部表现出了其自主性，而其他事件则似乎要受行政部门影响。"[①] 赞比亚也不再对此进行区分。此外，考虑到赞比亚司法部只有部分政治独立于行政部门，尤其是卡翁达和奇卢巴政权统治期间。而令人印象深刻的是，在每个案例中，《邮报》都会在法庭上证明其无罪。更令人惊讶的是，鉴于当时的政治环境，1996 年由赞比亚的记者、捐助者以及其他人士组成的一个联盟成功赢得了一定的宪法改革，实际上是对政府压制媒体批评的权力进行限制。这些改变取消

①　"赞比亚。"记者保护委员会。

了政府禁止出版的能力；然而，对自由媒体的骚扰仍在继续。但是，法律上的胜利确实使《邮报》的形象在赞比亚以及全球范围内熠熠夺目，尤其吸引了国际媒体监管机构的关注，如保护记者委员会和公共诚信中心。当然，《邮报》在加强赞比亚的民主和反对之声中扮演了重要角色，直接或间接地鼓励了其他异见人士。

在大多数情况下，公众仍然忠于《邮报》，正如其持续不变的读者群和知名度所证明的那样。的确，赞比亚人依赖《邮报》作为其"往更深处挖掘的报纸"，尽管有些人偶尔会批评它多年来从事小报式抨击式的新闻事业。然而，总的来说，该报纸在赞比亚的信息共享、民主以及公众舆论方面的总体贡献远远超过这些批评意见。随着《邮报》的成功，大量其他的私人报纸也已经出现。它们在受欢迎程度、新闻质量和社论公正性上各有不同。但是，至少在赞比亚的城市中心，消费者获知了不同的媒体观点，这证明了媒体环境的自由性。

从根本上说，《邮报》经常要在压倒性劣势下保持其受欢迎程度。20世纪90年代中期，《邮报》成了日报，反映出了其日益增长的重要性。如今，它的日发行量约为2万至2.5万份。相比之下，《时报》和《日报》的日发行量则在1.5万和2万份之间。报纸常常只能到达城市，城镇地区则要晚几天才能收到，如果真有可能的话。更偏远的地区可能永远都不会收到任何一种全国推行的报纸。然而，即使是在人口众多的地区，对许多赞比亚人来说，报纸也是很昂贵的，而且他们认为报纸是精英商品。自20世纪90年代以来，新闻纸的价格上涨了约500%，当然，这也直接影响到了其标价。从积极的一面来看，所有报纸的传阅范围都比其首轮印刷所预见的要更加广泛。这是因为赞比亚人们一旦读过报纸通常便会与他人分享。

广播和电视

像报纸的所有权和分布一样，无线电广播在20世纪90年代也自由化了。尽管国家电视转播权仍完全由政府掌控，但是随着卫星电视以及后来互联网的出现，越来越多的赞比亚人，尤其是城市中产阶级和上层阶级，现在也可以访问其他形式的电视新闻、音乐和娱乐了。虽然已经自由化了，但是最大的且最有影响力的当地电视台，包括电视和广播，仍是国有的赞比亚国家广播公司。

赞比亚国家广播公司占据了卢萨卡的郎艾克斯居住区的一个庞大的广播设备。这一雄伟的建筑表明了国家官方媒体的重要性。其周围是大型的金属栅栏，进行重重保护，使政变策划者望尘莫及。（1997年，赞比亚国家广播公司一度被一支醉酒且愤怒的军队占领，他们宣称自己发动了政变。但是，他们还未走出电台就很快被逮捕了。）

赞比亚国家广播公司有3个广播电台，全国各地均可收到。1台用7种主要语言在赞比亚的9个省份播出。如上所述：有本巴语、卡昂得语、洛奇语、隆达语、卢瓦勒语、尼昂加语以及汤加语。2台使用的是英语和当地方言，而4台则只用英语播送节目。所有的电台均提供各种音乐节目、谈话节目以及戏剧节目。和大多数非洲国家情况一样，无线电广播仍是赞比亚人获得国家和国际信息的主要来源；2004年，赞比亚大约有190万台收音机。尽管那些收音机可能调到官方的19

个调幅和 5 个调频电台（公共的和私人的都有），但是实际上，在非常有限的收听范围之外，能收到的电台特别少。

与无线电台广播相比，电视受到的限制更多。电视至少有 3 个主要的限制因素。第一个因素与人口有关。赞比亚的整体贫困意味着，对很多家庭来说一台电视要花掉一年多的工资，简直超出了绝大多数消费者的能力。鉴于这些限制因素，赞比亚人尽可能多地进行购买，有了大约 50 万台——这个数字也是很令人惊讶的。当然，另一个问题涉及政府对农村基础设施的供应，基于此以至于许多农村居民没有可用的电力，即使他们有电视也没办法观看。此外，赞比亚国家广播公司无法广播至地域广阔的赞比亚的一些偏远地区。因此，尽管收音机普及了，电池或太阳能发电也能帮助有收音机的赞比亚人，但因缺乏电力，就连赞比亚国家广播公司都没有足够强的信号能传至赞比亚的西北省份，包括大型城镇希亚丰加和隆达济。据报道，赞比亚有 9 个广播电视台，囊括了赞比亚国家广播公司以及外国的信号。然而，这一数字有点误导了人们，因为其中一些是所谓的中继器（在不同的频率上播放相同内容）。在大多数情况下，没有一台卫星接收器的赞比亚人可以收到两个台。在最好的情况下：能收到赞比亚国家广播公司 1 台和赞比亚国家广播公司 2 台。

在赞比亚，电视的另一个主要限制因素是官方广播公司可以提供的节目类型受到限制。开发新节目费用很昂贵，因此赞比亚的收费节目主要包括新闻广播节目和偶尔的脱口秀节目或访谈节目。外国节目可以说是越来越流行，但购买来自美国、英国或其他地方出售的电视节目的成本也高。因此，在娱乐方面，赞比亚人的选择通常限制在老的或者模糊的电视节目里，比如重播美国肥皂剧《大胆而美丽》，或者在美国为所谓的不在电影院上映的电影市场拍摄的电影。来自国外的宗教节目也很普遍。例如，能经常看到来自美国、澳大利亚以及其他地方（以及赞比亚）的电视布道节目，而且不仅仅是在周日能看得到。

最后一个因素是政府对电视和电台节目制作人进行了政治限制。即使在相对自由的姆瓦纳瓦萨政府统治下，记者、编辑和制作人也面临隐性的且偶尔显性的压力，却不能挑战官方政党路线。在奇卢巴统治下这一情况更糟，在卡翁达统治下仍旧糟糕。早在1996年，一位颇受欢迎的电视节目主持人因参加和播出对反对派总统候选人的采访而被解雇。因此，对不停地倾向政党路线感到不舒服的有着独立思想的记者们来说，环境太艰难。当然，对只能通过赞比亚国家广播公司的赞比亚电视（以及印刷业和广播）获得电视新闻的观众们来说，问题就更多了。尽管如此，大多数赞比亚人都深知官方媒体固有的偏见。因此，大多数人倾向于认为亲政府报道是有偏颇的。

但是，令人犹豫不决的是，自1991年以来，媒体自由化已经产生了明显的好处，并且2001年利维·姆瓦纳瓦萨大选后进程加速，新闻和娱乐资源增多，为消费者提供了除赞比亚国家广播公司之外的选择。此前，《邮报》以及其他平面媒体的作用得到描述。《邮报》有勇猛的，偶尔还有厚脸皮的编者，在许多方面都是其他非政府媒体的开路先锋。消费者现在有了选择，特别是在收听广播方面。尽管如此，不可否认的是，大多数广播公司仍坚持不关心政治的节目模式。

在私人广播公司中，也许最成功的要数凤凰电台，它是第一批非政府广播电台。由当地企业家埃罗尔·希基于 1994 年出资建成。凤凰电台提供各种各样的节目：音乐、新闻、谈话以及讨论节目。以第一个音乐节目主持人采用绰号"坏妈妈加玛"和"奇异恩典"为契机，凤凰电台成功为自己开拓了市场。它在一个原来电台选择有限的国家找到了当代的西方的感觉。像其官方同行一样，凤凰电台也以听众来电直播节目为特色，这大大得益于 20 世纪 90 年代末手机的普及。更重要的是，凤凰电台以及后来其他私人广播公司所带来的竞争确实使得赞比亚国家广播公司的节目有所改善。

其他的一些私人广播公司也出现了，包括微风调频广播，Q 调频，以及电台精选。此外，教堂以宗教节目的身份已经加入到了无线电波中。亚新电台由天主教堂在赞比亚建成。在第二章中所描述的电台基督教之声播送从基督教之声买进的节目，其总部设在英国。名为艾森格罗的电台，主要是在赞比亚的铜带省恩多拉市进行广播，并用本巴语播送主题为罗马天主教的节目。

虽然私人媒体能更灵活和自主地制作和播送他们认为合适的节目，但是和平面媒体同行们一样，他们也不能免于政治干涉和骚扰。事实上，在 2001 年大选期间，凤凰电台与政府发生冲突，被停播了好几周。其听众来电节目类《让人们说》，遭到时任总统奇卢巴和多党民主运动的批评，作为在竞选进入白热化阶段时对被叫停的无线电台凤凰台的回应。（需要注意的是，政府并没有以一个公开的政治理由，而是声称电台的营业执照已经失效，令其暂时关闭。）

54

政府的恐吓在私人媒体界刮起了一阵寒风，在更广泛的民众中同样如此，更不用说对反对意见的审查在赞比亚仍在全力进行。凤凰电台的经历具有双重讽刺性，因为希基与许多重要的多党民主运动高级官员关系很好，并且还与奇卢巴总统本人是泛泛之交。不管怎样，虽然凤凰电台与赞比亚许多私人媒体一样受到了惩罚，但是就像凤凰的传说一样，它很快就恢复了播送。凤凰电台、《邮报》以及其他无党派人士的经历，特别是 1991 年至 2001 年奇卢巴政权统治期间的经历，深入阐释了赞比亚独立媒体的危险性。然而也使人们更加珍惜这些信息、观点以及娱乐的来源。私人广播公司因此在帮助扩大和加强赞比亚新生的民主中发挥越来越重要的作用。

卫星电视：电视广播民主化还是文化帝国主义？

如前面所讨论，几乎自独立以来，外国节目，也就是非赞比亚节目已经成为了赞比亚国家广播公司的固定节目。典型的有美国的《杰弗逊一家》《星际迷航》《爱之船》，还有肥皂剧，再到迷你剧，以及英国的戏剧和喜剧。这些节目都常在赞比亚电视上播出，尤其是在 20 世纪 70 和 80 年代。与其说是赞比亚国家广播公司当地节目能力的成熟和发展，倒不如说是这些节目的播出费用的增加导致近年来外国节目不断减少。尽管如此，那些买得起电视的赞比亚家庭显然是一直接触着外国的思想和影像的。虽然这不可避免地导致了一定程度上推崇外国节目——它们被视为外来的、可取的、值得模仿的，并催生了在美国和英国非常程式化的人生观——但是，至少，赞比亚国家广播公司始终险险稳住了本土的节目和新闻广播，保证广播网在本质上还是本国的。

20 世纪 90 年代初以来，卫星天线的激增以一种微妙的方式改变了赞比亚这一本质，令人担忧。可以肯定的是，卫星天线只对很少的精英可用。此外，接收美国有线电视新闻网、英国广播公司、音乐电视以及南非的 M-NET 只不过提供了更多关于世界的信息、更广泛的意见，以及更多样化的娱乐。然而，与此同时，这些精英中的许多——政客、商人、外交官等的孩子，享有教育、旅行以及其他机会——最终会继承赞比亚的权力杠杆。因此，他们的世界观是很重要的（见第 2 章）。在某种程度上，他们倾向于推崇外国的（特别是西方的），而不是完全理解（而且在某些情况下诋毁）赞比亚。从长远看来，这对赞比亚的文化、思想、语言和传统不利。

重要的是不要夸大卫星电视在这一现象中的作用，一些人认为这一现象是赞比亚文化的衰落。例如，如上所述，卫星电视的观众相当有限。显然，还有被批评人士认为是西方文化帝国主义的其他来源，展示（且直接和间接地促进）了西方准则和价值观，其中许多在本书中都有提到，包括音乐、舞蹈、电影（主要是视频或光盘）、食物以及以本土语言为代价的英语的扩散。此外，需要指出的是多种媒体选择和机会的民主化。很简单，更多的资源对更多的人来说意味着有更少的（国家）监控和更多的选择。此外，获取信息可以帮助人们认识到国际准则及其扩散，如有关人权、妇女权利等国际准则。然而，赞比亚本国内容的减少仍然引起了人们的关注。今天，几乎所有的卫星图像都来自比赞比亚更发达的邻近的国家：南非。除了如前所述在这些频道上对美国节目的推崇，越来越多的尼日利亚节目，南非音乐、舞蹈、流行文化，以及——不容低估的——南非产品也得到大力推广。获得赞比亚新闻和信息有时甚至不需要通过卫星联系；因此，精英们往往面临着一个选择：选赞比亚的还是南非的。南非在赞比亚的零售点的扩散和流行证明了越来越多的赞比亚人正在做出的选择。然而，这不仅仅影响的是消费习惯；南非和西方影像对赞比亚人的轰炸不可避免地影响了人们对自己的文化和社会与其他文化和社会的关系的构思方式。

互联网以及赞比亚与世界的连通性

在后殖民时代的非洲，信息的使用权往往掌握在一党执政的政府手中，如前所述，赞比亚也不例外。独立后，卡翁达领导下的国家控制了广播媒体。1975 年已完成了对印刷媒体的控制，明里暗里地阻止政见不同者。通讯也同样有限：电话极为罕见，服务昂贵且仅限于城市地区。这一遗留问题一直延续至今，全国只有不到 9 万部固定电话。因此，信息从赞比亚的一个地方传播到另一个地方要依赖于国家及其提供的特殊棱镜。虽然口头传述的传统多多少少缓解了这一情况，但即使这样，现代赞比亚的地理范围也与其在大片领土上用这种形式进行交流格格不入。20 世纪 90 年代，媒体所有权的自由化确实使更多的赞比亚人对更加多样化的信息来源有了更多的接触。尽管如此，如所观察到的一样，报纸的生产和购买都很昂贵，而小报的读者仍局限于少数的精英人士。电视甚至电台都受到了类似问题的限制，因此演员数量以及媒体眼界仍不如其国有同行。

56

　　如同非洲其他地方一样，赞比亚越来越多的手机和互联网推动了信息获取方式民主化。可用性和支付能力的迅速增长，意味着手机已被广泛使用。到 2003 年，赞比亚正在使用的手机大约有 24.1 万部，这一数字无疑将持续增长。尽管如此，不包括话费在内的每部手机的价格均在 50 美元左右。手机对绝大多数赞比亚人来说仍然遥不可及。但是，几个家庭共用手机来节省开支这样的事情并不少见。此外，互联网正在赞比亚迅速发展。互联网是由赞比亚大学孕育产生的。该大学于 1991 年至 1994 年间开发了一个试点电子邮件程序。1994 年，继南非之后，赞比亚成为第二个建立国际互联网连接的撒哈拉沙漠以南的国家。同年，赞比亚建立了互联网服务提供商赞比亚网出售互联网服务，虽然直到 1995 年通过南非开普敦的一个陆地连接点赞比亚网才开始运营。随后，赞比亚网于 1997 年和 1999 年分别与美国和英国直接建立了卫星连接。

　　现在在大多数大型企业互联网很常见，当然与国际接轨的公司亦是如此，而网吧在赞比亚的中型城市也越来越普遍。然而，尽管无线技术的传播在未来肯定会降低这些成本（与手机的使用情况一样），但互联网费用仍相当昂贵，部分原因在于其很大程度上对拨号/固定电话的依赖。但是就目前而言，在家里接入互联网仅限于最精英的赞比亚家庭。2003 年，虽然赞比亚属于使用时间最长的互联网用户之一，但其在非洲南部属互联网用户最少的国家之一，只有 6.8 万多互联网用户。但是，这一数字应该是打了折扣的，因为网络账户像报纸、手机和收音机一样往往是可以许多个人共享的；实际用户数量无疑要多得多。

　　重要的是不要夸大了短期内手机和计算机技术对赞比亚当前或潜在的影响；赞比亚仍是一个严重贫穷的国家。近 80%的民众每天靠不到 1 美元生活。对他们而言，购买手机或使用互联网仍是遥不可及之事。如前所述，购买报纸、电视机或小说也受到类似限制。尽管如此，自 1991 年以来国家对信息的控制已有所减少且更加民主，而这一情况自 2001 年以来更甚。与过去相比，赞比亚人通过资源共享使得现在至少有机会对影响他们生活圈子、国家和生命的事件有更加完整、准确的了解。

4. 艺术、建筑和住房

艺　术

中部和西部非洲的传统艺术品——比如可追溯至公元前500年的位于尼日利亚北部的诺克文化陶瓷雕塑、来自刚果王国的精心雕刻的15世纪艺术品、莫桑比克的马孔德面具、加纳阿散蒂人的皇家彩色布料——以及更靠近当代的作品——一种仅始于20世纪中叶的传统，即津巴布韦的修纳人雕塑——在西方画廊和私人收藏家处备受推崇。相比之下，虽然赞比亚的各个民族有着悠久的包括雕塑、珠饰、篮筐在内的艺术和工艺品传统，但赞比亚几乎没有国际知名艺术家或风格。许多外籍艺术家和画家在赞比亚落户并对赞比亚的艺术和文化做出了卓越贡献。

绘画实际上起源于画在洞穴墙壁上的古代岩画。赞比亚仍保留着许多遗址，有姆皮卡的纳克库夫洞穴以及东部省份奇帕塔附近的莫科莫岩窟，里面有铁器时代的岩画。卡诺纳附近的恩萨鲁洞穴是最古老著名的遗址之一，于20世纪40年代被挖掘出来，有大约3000年前的狩猎采集者所画的洞穴壁画。这些石器时代的岩画广泛存在于南部非洲地区，包括津巴布韦、博茨瓦纳和南非，并为该地区史前人类的生活和习惯提供了罕见的重要的线索。

时光荏苒几千年，现代的赞比亚显然只有一项微不足道的绘画传统。事实上，当代绘画主要被居住在赞比亚的外籍人士或西方人士独揽。他们中的很多人，比如辛西娅·朱卡斯，因为野生动物绘画、抽象画以及用其他媒介如木材和陶瓷绘制作品，已经在赞比亚国内外得到了一些认可。被高度赞扬的本特·洛伦茨就属于后一种情况，而且她在卢萨卡的郎艾克斯居住区的工作室长期以来都被当作展览场所以及年轻艺术家的训练场。也许最著名的本土画家要数亨利·塔亚力，他于1987年去世，享年43岁，但他的遗产存活在位于卢萨卡的展览广场与其同名的画廊塔亚力视觉艺术中心里。塔亚力的作品大多是油画和木刻版画，他专攻抽象和半抽象绘画。他支持年轻艺术家以及本国的绘画文化，1976年，他接受任命成为赞比亚大学艺术家。虽然赞比亚仍没有艺术学派，材料昂贵且资金有限，但是通过展示青年艺术家的作品，塔亚力中心以及赞比亚其他的画廊和设施扮演着至关重要的角色。

一些赞比亚艺术家会采用另一种方式推广和展示他们的作品，那就是网络工作室，或利用他们自己的网站或建立艺术网站。对于那些会使用这项技术的赞比亚艺术家们来说，这会给他们带来来自全球的观众。此外，成立于1989年的赞比亚国家视觉艺术委员会，致力于提升赞比亚新兴的以及老牌的艺术家对艺术的认识和兴趣。最近出版的由当地艺术家加布里埃

60

尔·埃里森以及赞比亚国家视觉艺术委员会联合署名的《赞比亚艺术》一书就是这样的一个项目。[①]

功能性艺术和手工艺

在殖民地化之前，赞比亚绝大多数的艺术品并不仅限于审美价值，还具有功能性价值。篮筐也属于这一类，还有家具、厨具等。现在，其中大部分被视为艺术品、收藏品，并销往国际市场。有趣的是，虽然殖民主义有益于平面艺术在赞比亚的传播（事实上，如前所述，大多数出现在 20 世纪中叶的第一代赞比亚画家都是欧洲血统）并对艺术至上主义产生刺激，但也导致了传统艺术形式以及孕育这些艺术形式的文化仪式和特殊功能的衰落。直到近年来这些艺术中的许多才在某种程度上开始复兴，其部分原因在于一些长期被忽视的文化传统开始复兴（见第 7 章）。

面具

基本上只限于东部省份地区和乔克韦族及相关族群所在的西北省份地区的面具制作，重新燃起了对这样的一个活动的兴趣。例如，西北省的玛克士面具描绘了现在公开表演的传统仪式上的经典人物形象。采用包括动物皮革、木材、羽毛、剑麻等纤维在内的各种材料精心制作的传统面具以及面具制作本身主要是为了宗教、药用、仪式或其他目的而非艺术。乔克韦人有三种面具：神圣的只有首领可以戴的面具被称为次昆古，还

---

① 艾利森和赞比亚国家视觉艺术委员会，赞比亚艺术。

有割礼面具以及跳舞面具。首领的面具有固定的人脸形状，在一个木框上用树脂做成。面具可象征人或动物如羚羊；收藏家们认为这些面具很少见，因为它们本应在仪式结束后就被摧毁。舞者面具代表的是男性或女性祖先，虽然所有的舞者都是男性。乔克韦人也会雕刻许多动物面具。[①]

东部省份的赞比亚人，尤其是褚佤人（同样居住在马拉维），以其尼尤面具而闻名，只有入会的男性才戴这种面具。尼尤面具是高度个性化的写照，在过去只有在高度保密的令人恐惧的入会仪式和葬礼仪式上才能看到。"褚佤人有三种面具。前两种，羽毛做的灵魂面具和木制人脸面具象征的是死者的灵魂。第三种被统称为尼尤·幽勒巴，是大型动物形象的编织物，其中大部分象征的是野生动物，虽然有的也象征汽车、牛、巫师以及欧洲人。"[②] 然而，自 20 世纪 50 年代和 60 年代以来，尼尤仪式已经失去了其更加神秘且令人恐惧的一些属性，常常在外人面前表演。（对尼尤仪式的描述见第 8 章）。

制作、编织和雕刻篮筐

篮筐用竹子、各种草、麻或树皮编织而成，通常有各种实际用途，包括用来储藏、在仪式上使用、运送货物以及装饰。不同于其他艺术形式，如面具和雕刻是男人们的专利，制作篮筐男性和女性均可参与。虽然整个赞比亚都有使用篮筐，但是

---

① 图腾：《一位收藏家的面具收藏指南》，第 39 ~ 40 页。
② "面具和伪装"，"非洲：东非，格罗夫艺术在线，http：//www. groveart. com/. groveart. com/。

62　居住在西部省份的洛奇人和穆本达人的篮筐编织尤其著名。其他族群也有编织用来就座用餐或放餐具的垫子之类的东西的传统。材料丰富、结构相对简单且坚固使得篮筐编织物相当普遍。

同样广泛可用的石灰石、木材、皂石以及各种粘土便利了雕刻和雕塑，而且一群当地雕塑家已经崭露头角，他们中的一些人已经赢得了国际认可。当然，这些东西已不仅仅是艺术家的珍藏。的确，泥塑常用在仪式上：例如，在女孩们的入会仪式上使用，以及作为本巴传统的婚姻仪式的一部分使用。代表着某些形象并被赋予深意的泥塑由女性精心制作并进行展示；在各种各样的入会仪式过程中新娘和新郎偶尔会利用这些意义去记住并识别这些泥塑。这种在任何情况下都不会用于展示的当代作品不太可能成为最狂热的人类学艺术爱好者的收藏。

一个相对繁荣的、被专业艺术家和艺术鉴赏家们嘲弄为"机场艺术"的市场有所有用树干凿刻而成的鼓、面具、凳子、人类或动物雕像、滑石象棋板以及类似的东西。这些小物件针对的主要（但并不完全）是旅游市场，当然不仅会在机场（虽然通常在那儿卖得的价钱最高）出售，也会在卢萨卡和其他城市周边的不同地方出售。它们通常被摆在交通繁忙的道路边，主要旅游景点入口的外边如利文斯敦的维多利亚瀑布，或在指定市场比如卢萨卡的卡布瓦塔居住区，而非零售店或工作室出售。事实上，几乎所有的即使只有一点点观光客的撒哈拉以南的非洲国家都会有类似的小物件。正如在大多数非洲国家一样，无论买方是外国人还是赞比亚人，在赞比亚他们几乎总是会对这些商品讨价还价。

对于训练有素的人来说，这个所谓的机场艺术最多也只是限制了艺术的价值；这种作品有一定的相同性——几乎无法将一只精雕细琢的犀牛与另一只区分开来——使得呈现和展示出的东西像是大规模生产的。然而这每一个都是手工雕刻和抛光的且具有一定的艺术性。例如，用手重做一个相当精细且比例完美的人类半身像并不是一件轻松的事，而且需要的可不只是一点点技能。此外，尽管小物件艺术品不被运往西方的或赞比亚的画廊，但作为一个重要的赞比亚纪念品市场以及对当代赞比亚家庭来说相对廉价的国内家庭装饰市场，它们具有讽刺意味地用另一种方式对西式住宅进行非洲风格的装饰。此外，销售各种雕塑以及其他物品是其创造者即小工匠们赚取收入和获得生计的重要来源，这些小工匠一般都是男人（男人负责木制品和雕刻品，而女人通常制作陶瓷品，包括拉坯做罐和烧窑）。尽管它们有经济甚至是艺术价值，但是许多（如果不是大多数）雕刻品都是用木头做的，这可不是个小问题。对这些物品的需求不仅在赞比亚还在整个非洲地区产生了大规模森林砍伐的问题。从长远来看，生态压力确实可能威胁到依赖天然材料的艺术家和工匠们的生计。

63

建筑和住房

传统建筑形式

在赞比亚较大的城市，包括卢萨卡和恩多拉市，随处可见用常见的玻璃、钢铁、砖以及混凝土建成的西式风格建筑。在大多数情况下，尽管无论是住宅、商业、或是工业用房许多（但不是全部）都是为了适应亚热带气候，但很少有独特的赞比亚风格甚至是非洲风格建筑。即使是在如中部省份的琼谷韦或北部省份的塞伦杰这样的小城市的城镇和行政中心，也多是这样的建筑，至少，单调的政府办公大楼和中央存储就是这样的。商业大楼有直达卢萨卡天际的贸易高楼，也有自殖民时代起就带有利文斯敦建筑特色的一两层的爱德华七世时期建筑。基本上，市区的住房虽然也不无例外地属于西式或受西式影响的风格，但也同样样式繁多。有殖民地时期风格的别墅（有些是在那个时期建的，有些是最近建的），也有复合式公寓，还有无处不在的小型的没有任何装饰的砖或煤渣砖建筑，最后一种建筑通常存在于更贫穷的城市街区以及高密度住宅区（也称作大院）。

然而，在任何城镇或城市的郊区几乎都见不到有着截然不同风格的建筑，当然在更加靠近农村以及更加偏远的地区就能见到，包括基本设计延续了几个世纪都没变的建筑。在赞比亚，传统建筑通常是用竹子和泥浆或杆子和泥浆建成的，茅草屋顶用象草或穆帕尼草盖成；这一古老的方法在今天的赞比亚仍在使用。19世纪后期，传教士引进了砖的制作方法，这种方法常用在全国的房屋建筑中，虽然在偏远农村地区不太可能见到用砖建造的房屋。

传统房屋的基本样式仅略有不同，大多数都被当作是短期住所。例如，本巴人会在靠近狩猎场以及清理成耕地的地方建一片小屋，勉强构成一个村庄；几年后，当这些土地消耗殆尽之时就转移到另一个地方。在殖民地时期之前的时代，通加人

64

传统上都会养牛，正如他们今天所做的一样。虽然通加人随后开始更多地专注于农业，但是早些时候，他们也曾喜欢被政治上分权化的建筑，突出强调的短暂居住的生活方式。即使是先于殖民主义出现的强大且中央集权的洛奇王国的人也会根据赞比西河泛滥平原每年的扩张进度进行季节性迁徙。这会使王国的部分地区好几个月都无法居住。简而言之，在赞比亚，很少有传统住宅是能长期居住的，它们只有几年的寿命，而且在某些情况下其使用寿命比这还要短得多。

欧洲人先是作为传教士和商人来到这里，随后就定居在了这里。像对赞比亚传统生活的方方面面产生了影响一样，他们对建筑也产生了深远的影响。他们带来了欧式风格以及建筑技术，如先前提到的能够更耐用的砖砌建筑。然而，最初，这种建筑中的许多也无法永久使用。从大体上来说，农村住宅和住宅方式多年来保持不变，特别是在殖民地的偏远地区。然而，重要的是，在城市和郊区（即城市和城镇周边），这种房屋主要供白人，之后是亚洲人居住——以及允许他们居住的区域——其质量要比给黑人住的房屋好得多。

殖民影响

建在殖民时期的房屋相差很大。对许多非洲人来说，殖民主义意味着大量房屋会出现在大型城市居住区，比如那些出现在卢萨卡以及恩多拉和基特韦的铜矿附近的房屋。由于殖民当局引入了棚屋税和现金经济，非洲人迁移到矿山和城市寻找日薪工作。最初来到赞比亚的许多白人成了经理和矿山老板。因为他们的居住权一直被视为是有限期的，所以他们早期的房屋

65

是斯巴达式的，且不可永久使用，这反映了他们在矿山就业的
短暂性。这些建筑太热、不足以满足且不适合这里的气候，通
常用放在木架上的从南非进口的铁皮屋顶建造而成。随着 20
世纪 20 年代英国南非公司统治的结束，以及北罗得西亚成为
一个自治的英国直辖殖民地，越来越多的白人殖民者来到这
里，成为农民和商人，印度商人阶级也是如此。然而，随着越
来越多的欧洲人开始定居北罗得西亚定，尤其是在世纪之交，
房屋变得更加结实、制作更加精细且能更好地适应赞比亚的环
境。这些房屋通常有单层主屋，主屋带有一个阳台以及仆人的
住所。1964 年独立后，许多白人离开了新赞比亚，而这些房
屋则被卖给了非洲的精英人士。最近的建筑往往都是这种风
格：砖或水泥煤渣砖建筑，用灰泥填塞，上漆，通常是白漆，
带有宽阔的阳台和一个单层，这有助于使房屋在季节性炎热的
赞比亚气候（即使在今天空调在大多数家庭也不常见，包括
那些精英人士，而且中央供暖更是闻所未闻，虽然在一些地区
6 月和 7 月的温度低至 40 多华氏度）下保持凉爽。考虑到贪
婪的白蚁和钻木蚂蚁，虽然有镶木地板以及木门和木制镶边的
房子会更漂亮，但赞比亚几乎没有用木材建造或外部覆盖木材
的房子。屋顶一般用的是窑内烘干瓷砖或瓦楞铁皮。

西瓦·恩甘杜

66

特别值得一提的是殖民时代赞比亚的住宅，不是因为它在
这个国家具有代表性，而是因为它是如此地与众不同。由斯图
尔特·乔治·布朗爵士在西瓦·恩甘杜建造的豪华的甚至可以

说是太过奢华的庄园始建于 20 世纪 20 年代，近十年后才建成。在赞比亚历史上，前英国陆军上校斯图尔特爵士在某种程度上是一个举足轻重的人物。殖民统治时期里，有很长一段时间都不允许黑人参与自治。然而，从 1939 年到 1951 年开始，乔治·布朗作为北罗得西亚立法议会成员为非洲的利益而战斗。他坚定地支持非洲争取政治权利，也是 20 世纪 50 年代和 60 年代肯尼思·卡翁达的主要支持者，同时也是联合民族独立党成员，直至 1967 年去世，享年 84 岁。然而正是斯图尔特爵士在西瓦·恩甘杜的庄园，它的存在超越了对其建造者的纪念。

巨大的 2.3 万英亩的西瓦·恩甘杜庄园距离北部省份的姆皮卡约 65 公里（40 英里）。庄园中心是西瓦之家，只能这样描述它："部分是托斯卡纳庄园住宅，部分是宏伟的英国祖先故居，在这非洲丛林的偏远角落完全出乎意料且不相称。当然，只有疯子或妄自尊大之人才会建造出这样一个地方。"[1] 正如一位编年史家所说，"与我所见过的地方相比，西瓦·恩甘杜似乎最能象征非洲的英国殖民者的傲慢、家长式统治、想象力以及绝对的铁血思想。"[2] 简而言之，西瓦之家像它的主人一样是一个纠结的矛盾体。

到 1914 年，乔治·布朗在西瓦建成了他的第一个家，并在接下来的几年里，在这里自己对其大房子进行设计，其灵感来源于各式欧洲建筑。最终成品有至少 40 间客房，包括图书

---

① 羔羊，非洲的房子，xxvii。
② 同上。

馆、餐厅、内院以及室内管道。房子放满了雕塑、乔治·布朗祖先以及其他著名的英国人的绘画、大理石半身像、军事奖章和军事用品以及奢华的家具。地面模仿英伦庄园排列着巨大的柏树、桉树以及其他进口到西瓦·恩甘杜的植物。

2005 年的西瓦·恩甘杜是一个偏僻的地方；穿过北部省份通向卡萨马的路有时几乎无法通行，在整个 20 世纪 90 年代也是勉强维持通行。20 世纪 20 年代建造时，这个房子几乎是无法完成的。某些如窗户这样的材料还必须用牛车从约 560 公里（350 英里）远的布罗肯希尔（现在的卡布韦）穿过地势崎岖的农村带过来。

其他建筑材料必须现场生产，而且还得建造窑洞烧制砖瓦用在大型建筑物以及众多附属建筑的外部结构上。这座庄园共包括教堂、学校、医院、锯木厂、村舍以及一家商店，所有的这些都服务于当地本巴人，还有商业部以及有蒸汽锅炉的能源厂。庄园依靠生产制作香水的精油运转，但这生意也才开始盈利没几年。

由于企业不盈利，大部分庄园及周边地区从 20 世纪 70 和 80 年代开始严重破损。20 世纪 90 年代，乔治·布朗的孙子曾试图重振庄园将其作为旅游景点，但交通的不便利——虽然庄上有一个小型飞机跑道——以及赞比亚旅游业的整体疲软使这一构想困难重重。到 20 世纪 90 年代中期，由于疏忽，这座庄园变得极其破旧且暴露在风雨之中；其维修成本就是个天文数字。但是，到 2001 年已经取得了一些进展。修复这座宏伟的（即使是非常不合时宜的）庄园所要付出的努力和近一个世纪前建造它时几乎相同。

卢萨卡现今的城市环境

卢萨卡曾是著名的"花园城市"：街道宽阔，绿树成荫，
精致的草坪和花园散布在殖民地风格的建筑周边。现如今，卢 68
萨卡同赞比亚很多的城市中心一样，已破旧不堪，但城市的一
些建筑在历经了时代的变迁后，却仍保有一种历史的气息和特
殊的感染力。近年来，卢萨卡城内和周边地区新建的建筑物，
多是一些零售店和购物商场。

自 1931 年赞比亚的首都从利文斯敦迁至卢萨卡以来，整
个 20 世纪 50 年代卢萨卡的城市建设都非常随意，很少专门为
城市里仅剩的非洲人做计划去运输设施或划分商用和民用土
地。1952 年，《卢萨卡城市建设方案》通过后，卢萨卡才结束
了肆意开发建设的局面，并开始在具体方案的指导下建成座
"像样的城市"。①

商业建筑

目前，卢萨卡整个城区已扩张到占地约 360 平方公里
（140 平方英里）。除去郊区和卫星城市，卢萨卡的闹市区仍然
不大，中心商业区还不到 2 平方公里（0.7 平方英里），并零
散分布在城市主干道开罗路周边。而市中心的西侧便是工业
区。卢萨卡至今还保留着许多殖民地时期的建筑，这些建筑大 69
都只有一层或两层，并在不显眼的地方写着这些建筑是当时北

---

① 卢萨卡城市规划方案，政府备注号 1952 年 300 号文件，引自柯林斯，
"卢萨卡，"，第 113 页。

罗得西亚的零售商店和行政大楼。的确，后殖民时期是商业建筑迅速发展的时期，较有影响的后殖民时期商业建筑有 1975 年完工的赞比亚银行大厦，1979 年完工的芬戴科大楼，1993 年完工的 Meridien 银行总部。前两个建筑同 20 层高的赞比亚国家建筑学会大楼和赞比亚工业开发公司大楼一起是赞比亚当时标志性的建筑。在 20 世纪 70 年代，大多数这样的大型建筑工程都是由国家出资建设的。

但是，Meridien 银行总部大楼是由私人出资建设的。而且，值得注意的是，这座大楼是 20 世纪 90 年代国家经济不景气时期完工的大型建筑项目之一。整幢建筑具有浓厚的乡村气息，楼层较少只有 1~2 层，配有棕色墙体和茅屋式的屋顶。不过，Meridien 银行败落后，东南非欧洲共同市场的秘书处和一些其他的商业团体搬进了这栋建筑。

殖民地时代，大部分的建筑都建在卢萨卡市中心，但赞比亚大学（1967 年建）和穆隆古希会议中心（1970 年建）却是两个例外，这两栋建筑都建于市中心几公里之外的地方。穆隆古希会议中心是赞比亚为承办第三届"不结盟运动峰会"而建造，此次峰会上赞比亚总统卡翁达的作用举足轻重。1970 年 4 月，赞比亚虽然还没有现代的会议设施，但依然决定承办此次峰会。为了成功举办此次峰会，穆隆古希会议中心承包商几乎是一天 24 小时赶工程，最终仅用了四个月的时间就完成了会议中心的设计和建造。虽然建造过程有些仓促而且设计有些过时，但竣工之后，穆隆古希会议中心可以容纳 2 000 多人，对峰会的成功举办做出了很大贡献。且穆隆古希会议中心坐落在国会大厦附近，四周风景优美，经常可以看到羚羊和一些其他的小动物。

近些年来，由于城市中心商业/政府部门所在区域交通拥堵、停车困难和犯罪率上升，许多公司选择远离市中心。从20世纪90年代后期到现在，卢萨卡南边的马卡尼新建的购物中心，卢萨卡东边大东路两边新开的电影院、餐馆和购物中心都成功把大量的商车交通从卢萨卡市中心分离出来。与此同时，卢萨卡的市中心也因此开始重现生机，卢萨卡酒店重新翻修和有150多间客房的普罗蒂亚酒店在2006年开张就是很好的例证。

住　房

卢萨卡和许多城市一样，周边地区环境比较复杂，有卡布隆伽、伍德兰兹、卡瓦塔、卡马拉、埃文戴尔、伽德和赤林耶等。这些周边地区至今仍延用殖民地时代的名称，因为这些名称通常是财富、权力和阶层的代名词。卡布隆伽地区——卢萨卡最贵且最受人追捧的地界——的房价高昂，房子私密性高，大都有吓人的安保栅栏将房子外界隔离，且安保公司安保人员几乎24小时待命。赞比亚的一些富豪和一些侨民通常选择住在这个地区。而赤林耶——也属于卢萨卡——的情况则完全相反。这里很少能看到铺设平整的道路，房子大都年久失修，有的甚至已是危房，而住在这里的人大都是城市的中低阶层和贫穷的劳动阶层。卡瓦塔和赤林耶的情况类似，但居住着印度人的一些地区情况却不一样，他们印度风格的房屋大都非常奢华。卢萨卡靠市中心的地区也有所谓的高密度居民区。殖民地

71

时代，这些居民区的住户大都是黑人，现在许多城市里的穷人也选择在此居住。

卢萨卡这些高人口密度的居民区，大都带着殖民地时代的痕迹。[①] 在当时，花园城市是专门为欧洲人和亚洲人所建，非洲人只能以雇员的身份居住在其雇主家或城市内的"居民区"，而且，通常情况下，他们的家属不被允许陪同居住。同时，一旦雇佣关系终止，非洲雇员就必须离开城区回自己的村子居住。[②] 20 世纪 30 年代，卢萨卡扩张时期，城市永久居住权的获得被有意控制得很严。而且，北罗得西亚的殖民者也仿效津巴布韦和南非的殖民者的做法，从一开始就不允许家庭的整体迁移。毫无疑问，这一做法不仅会影响非洲人的家庭生活，还严重影响了城市居民区的住宅风格和住宅建造质量。1948 年《非洲人城市居住条例》的颁布改善了已婚非洲人在城市居住的状况。普遍接受的做法是"非洲人允许在被雇佣期间住在城市民居区且允许其家人（妻子和孩子）陪同居住，但是一旦退休，他们可能还得搬回农村居住。"此条例一经颁布迅速引起了居民区住房数量的上升，而且这些住房大都有多间房间。[③]

事实上，那些殖民者失算了，大部分非洲工人退休后并没有返回农村。这就导致市中心人口上升，同时非法建造的寮屋数量也随之上升。有趣的是，国家独立后，由于许多赞比亚农

---

① 本节引自班贝克、珊亚和瓦尔韦德："网站和服务项目评估"。
② 柯林斯，"卢萨卡"，第 113 页。
③ 同上，第 122 页。

村人进城找工作，市中心的人口数量一直有增无减，而且增速加快。因此，"1963 年至 1974 年间，城内居住在无人管理的寮屋区的人口占赞比亚总人口的比例从 15% 上升到 42%。"①

寮屋量虽然在上升，但国家独立仍在很大程度上也提升了居民合法住房的数量和质量。政府在卢萨卡几个区域凯尔斯顿、卡马拉、卡瓦塔、黎巴拉和南赤林耶建造了许多简易住宅。这部分住宅占整个后殖民时代新建住宅的 50% 左右。新的简易住宅的室内装修有了很大的改善，而且住宅周边都配有公共设施。卡铃噶铃噶和乔治是人口中等密集的区域，一些任职于新政府，每月有不错收入的群体更喜欢住在这里。由于住宅新建量不断扩大，到 1970 年大部分殖民时代建造的圆形茅屋都被摧毁。接下来 30 年时间里，国内经济下行，大量企业裁员也在一定程度上影响了的居民区房屋特点。尽管在赤林耶和卡瓦塔等地区居住着一些富豪，但这些人的数量很小。大多数人的经济能力十分有限，很难再进一步改善自己的居住环境，就连政府在 20 世纪 80 年代也很少投资基础设施建设。

城镇高密度居民区的情况更糟糕。80% 的居民生活水平处在贫困线以下，大部分赞比亚城市居民仍然住在非常拥挤且房屋不合格的居民区内。在这里，无论是非法临时建造的寮屋的主人，还是拥有合法永久住所的居民都无法正常使用水电。有时，几乎整个社区的人都得依赖公共厕所和公用水龙头才能维持正常生活。

尽管城区的生活很艰苦，但较一些偏远的农村地区来说，

73

---

① 班贝克、珊亚和瓦尔韦德，"网站和服务项目评估"。

也有很多吸引人的地方：比如，即便是贫穷的城区居民，也可以享受便利的交通、通讯网络并使用手机，城区有很多放松娱乐场所，比农村更多的工作机会（虽然也很少）。大部分偏远农村地区居民家里，根本不通电不通水，人们只能去很远的地方从自然水体或水井打水。有些农村，居民住的仍是竹屋或土坯房——这些房子当然和 100 年前的竹屋和土坯房不同。还有一些更为偏僻的村子，人口很少，仅有偶尔一间不伦不类的砖房或煤渣砖房，和其他 20 到 30 间散落在灌木丛里的茅草屋或棚屋组成。这里的村民还沿袭着古老的劳动分工，男人负责搭建房子主体和用茅草覆盖屋顶，女人负责为墙体涂泥。

5. 美食和传统服饰

食物和烹饪

在过去的五个世纪里，赞比亚的美食历史就是不断融合进口外来饮食风味的过程。如今，许多赞比亚十分常见的食物实际上都是几百年前的商人带到非洲。这些食物里，有的还是赞比亚的日常主食，比如玉米、木薯、大米、红薯等等。虽然这些作物来自国外，但这些作物的种植和消费看起来像是本国久已有之的传统。由此可见，食物、烹饪还有文化本身绝不是一成不变的。实际上，赞比亚的饮食方式已经发生了迅猛的变化。虽然本色的农作物食品和其加工食品仍然被广泛使用，但当代赞比亚人的饮食方式已经越来越西化。其中包括西方最不健康的高脂肪快餐、高糖分饮料等。例如，津巴布韦的冰淇淋店，南非的鸡肉餐厅、美国的三明治连锁店，还有许多赞比亚本国人的加工产品，在卢萨卡的购物中心和其他城市中随处可见。因此，不足为奇，赞比亚的中上阶级和富人变得越来越肥胖。他们像西方人一样迷恋高热量又美味的快餐食物。另外，在赞比亚现代化的大背景之下，食用快餐对赞比亚人，尤其是年轻人还有另一项诱惑：在快餐店用餐象征着"体面"、"有面子"。总而言之，吃披萨、汉堡等食物以及在这些场所用餐是一件很时髦的事情。

76　　　因此，赞比亚的饮食文化与其其他方面的传统文化和习俗不同：它总是在改变，而且改变的方式很明显。在一些重要方面，悠久的传统饮食已经消失殆尽，取而代之的是更接近西方的饮食方式。但是，也无需夸大这种现象的辐射范围，也不应太夸大该国国民的腰围。首先，富裕的城市居民仍然会食用祖先们传承下来的传统食品，只是次数不多，偶尔吃吃。此外，尽管城市精英阶层有钱消费西餐（在餐厅或者在家），绝大多数赞比亚人仍极度贫穷。特别是近年来，因为干旱，许多人都不能解决温饱问题。因此，无论在农村还是城市，贫困的赞比亚人主要仰仗传统食物。一般而言，传统食物比较健康。但是因为赞比亚普遍的社会经济环境不佳，赞比亚人特色日常食物十分简单，也不够营养，更别说自然环境中的赞比亚人饮食了，更简单、粗糙。对大部分赞比亚人而言，在卢萨卡最好的餐馆用餐简直是天方夜谭、奢侈至极。而且，他们无法想象，街上随处可见外卖小店；无法相信，一个人可以在美食满仓的储藏室购物。

　　赞比亚传统饮食

　　无论阶级、贫富、种族，所有赞比亚人餐桌上都有一种叫希玛的食物。希玛是一种硬面团，呈饺子状，由玉米制成（此处即指玉米饭，maize meal）虽然这个词源于赞比亚的东部省份，但各个区域叫法不一：例如，罗兹人将其称为布盒贝（buhobe），本巴人称其为乌布瓦丽（ubwali），等等。但实际上所有的赞比亚人称此种主食为希玛。据说，最早在15世纪前后，葡萄牙人将玉米引入非洲。18世纪晚期赞比亚人才接触到玉米。此外，无论是玉米还是其他北美作物或非本地作物，其种植面积都非常广，比如甘薯、花生和木薯。本巴人都将其称为"真正的食物"。① 几个世纪以来，不仅赞比亚人以希玛为食，还有肯尼亚人、坦桑尼亚人（坦桑尼亚人称其为玉米粉），津巴布韦人（萨得匝sadza），南非人（帕蒲pap）还有其他非洲东部和南部的人。

希玛，是由玉米磨成的细粉做的。在赞比亚，一丁点土地都会种玉米。一般把磨好的玉米粉分好、放在地上出售；按袋卖，重量从五公斤到四十公斤不等。烹制希玛的办法是：把水在热炉或大火上烧开，沸腾后，将希玛混入开水中，用力搅拌。再用一根大木头烹饪棍把煮熟的希玛舀出来。（烹饪棍，形似桨或大勺子）。煮熟的希玛非常烫，圆勺大小如一个大土豆。和食用其他赞比亚传统食物一样，吃希玛的时候也无需餐具。只要用手指和一个手掌即可：一只手将希玛捏成合适的形状，在上面挖一个小洞，放入一些配菜。大部分人都会就着配菜吃。

配菜（即尼迪沃，ndiwo），理想情况下，由肉和蔬菜混合而成，或者多少有些肉汁。希玛的味道很淡，同原味粗燕麦或谷物粉相似，要就着配菜（含肉最好）吃。而赞比亚人所谓

77

---

① 罗伯茨：《本巴历史》，第210~211页。

的配菜其实就是多数西方文化中的主菜。配菜在赞比亚饮食中位居第二。这一点，又恰恰说明希玛在他们日常生活中的核心地位。赞比亚人很少会一天吃两顿希玛。甚至，在个人或国家困难期，减少到一天一顿或更少。同样，只有在艰难时期，人们吃希玛的时候才没有配菜。其他常见的传统蔬菜和配菜有小米、木薯、花生和各种植物叶子（南瓜、甘薯、木薯）、豆类、一种叫油菜的绿色橄榄类蔬菜，还有当地各种各样的蘑菇。通常的烹饪方法是：把蔬菜剁碎，放在水里煮，用油炒洋葱和西红柿。有时，也把花生（groundnuts/peauts）磨成花生酱和备好的蔬菜，如菠菜、卷心菜混在一起，当作配菜。

除了希玛，其他淀粉类食物还有大米、土豆和红薯、山药。在 19 世纪，指形粟（finger millet）是人们首选的主食，而且也非常适合赞比亚农作物的种植条件，然而现在却并不怎么受欢迎。赞比亚人现在也很少吃高粱。高粱原产于赞比亚，状如草。高粱与木薯在干旱时期，在保障食品供给安全方面，起到至关重要的作用。

有许多水果原产于赞比亚，而且这些水果颇受青睐。其中有木瓜、芒果、柠檬、香蕉，还有各种各样的花生、鳄梨。花生和鳄梨都非本土作物，但在该国许多地区都有种植，是传统食物重要的补充。20 世纪 90 年代，随着赞比亚园艺产业扩大，生产的水果和蔬菜种类更多。这种农业属资本密集型，需要灌溉，有时需要温室。他们已经将目光投向收益更高的出口市场，而不是当地消费者，因为该行业的产品投入高。

在城市，通常超市里才有牛肉、鸡肉和猪肉，农村并不常见。对大多数赞比亚人来而言，肉是一种奢侈品。在农村地区

尤甚。即便，赞比亚有超过六十万自耕农。他们拥有一些山羊
和鸡。一般来说，是因为肉类非常昂贵。贫穷的赞比亚人，甚
至那些拥有牲畜的人，都只在特殊情况下，如婚礼和庆典活动
中才宰杀牛、猪甚至山羊和绵羊等大型农场动物。此外，牛是
牛奶和肥料的重要来源，所以牛除了提供肉还有其他作用。在
赞比亚一些地方，比如北部省份，有一些大规模的农业生产
（当然是商业化用途生产）。他们会养殖猪、牛等家禽。但是，
相较而言，牛不是很常见。因为当地采采蝇肆虐，只有农业设
施较好的农场，有浸渍槽，才能养牛。赞比亚南部省份更适合
牧牛，该地的汤加人以养牛著称。

　　赞比亚河流、湖泊众多，丰富的鱼类也是赞比亚人饮食的
一部分。然而，有趣的是，大多数民族都没有实力雄厚的水产
养殖传统。洛奇人由于离赞比西河很近，以鱼为主食。同样，
位于北部省份，毗邻坦桑妮尼喀湖的姆浦隆古小镇，大都以捕
鱼为生。赞比亚水域本地和外来水生物种都非常丰富，既有大
型鱼，尼罗河鲈鱼和虎鱼、罗非鱼（鲷），也有小鱼，如卡彭
塔（kapenta）。卡彭塔身长只有几毫米。每个族群都有自己的
捕鱼方法，有的用篮子，有的用刺枪，有的暂时阻断河流。不
同的民族传统，有不同的捕鱼方法。虽然厨师们更喜欢把鱼和
蔬菜一起烹炖，这种做法和上文提到的做肉菜的方法一样。人
们也很喜欢干鱼，部分是因为从捕鱼到制作成可以食用的干
鱼，再到食用干鱼，中间有一段很长的时间。他们总是把小卡
彭塔鱼晒干，整条整条吃。有的人会佐以番茄汁烹饪，就着希
玛吃。

　　西方国家，至少是美国反感食用各种昆虫和老鼠之类的啮

齿动物，但是许多赞比亚人并不讨厌。赞比亚人在这方面的口味因民族和地区不同而异。比如本巴人或其他族群，他们把毛毛虫当成一种美味。晒干、油炸，当小菜吃。他们把这许多种小动物做成可口的点心，并称之为宜菲布卡拉（ifikubala）。此外，将蚂蚱按照以上方法烹饪的小点心，在本巴语中叫宜兹帕索（icipaso）。让人吃惊的是，在东部省份，尤其在姆布卡地区，老鼠是一种十分受欢迎的食物。他们往往用一种恰当的方式烹饪老鼠。此处应该注意，他们烹饪的只是家鼠，其范围并不延伸至其他类啮齿动物，如田鼠。他们不但不吃田鼠，而且认为田鼠很脏，是疾病的传播者。

饮品

虽然赞比亚河流众多，但由于人类的污染，国内饮用水匮乏。他们直接或间接地排放污水，自然导致水中病原体滋生。其后果就是：尽管水是全国最普通的饮品，但必须要先煮沸以确保其真正安全可饮。即使在城镇，饮用水也是通过管道和足够的地下水道系统从水库输送过来。首先生水一定要煮沸，以防霍乱和其他疾病。赞比亚偶尔会爆发这类疾病。在大多数城市地区，你可以买到瓶装水。也有本土品牌的瓶装水，如曼齐（manzi）（尼昂加语，意思是"水"）。但对大多数赞比亚人来说，瓶装水太贵。

随着殖民开始，非洲引进了茶叶。虽然在赞比亚种植量不大，但在该国随处可见。赞比亚人也喝咖啡。茶在受英国生活方式的一群人中很受欢迎，但咖啡不是。有趣的是，出口商推进了咖啡的种植，但很少有本国人因此做咖啡出口贸易。茶、咖啡都是在饭后，会议中，休息等场合才饮用的。无论餐前或餐后，主人都会为客人奉上茶水。大部分赞比亚人喜欢像英国人一样，在茶里加入许多糖和牛奶。

可口可乐在非洲站稳脚跟后，无处不在。甚至可口可乐和它的姊妹品牌遍布赞比亚各个偏远得不可思议的角落。可口可乐已经在非洲流行几十年，在当地装瓶，发往全国各地。因为可口可乐的生产地在赞比亚，所以可口可乐、雪碧等饮料价格往往相对便宜，大约30美分一瓶。但是在当代赞比亚，对穷人来说，这些消费品和其他消费品一样昂贵。他们仍然会认为，日常生活中喝这些饮料是一件奢侈的事情。所以，一般只在聚会时饮用。除此之外，还有一个挺奇怪的现象：赞比亚城市里的精英阶层在正儿八经地吃饭时会喝可乐（吃快餐时不会）。

在赞比亚，酒精饮品，既有传统的家庭啤酒、国产啤酒，也有进口酒。所有这些都很受欢迎。本土啤酒是用指形粟酿造的，盛在尼塑帕（nsupa），即葫芦中。本土啤酒，如本巴的轻酵啤酒卡塔塔（katata）和卡图比（katubi）。这些啤酒都盛在葫芦里，而且曾经在农村很普遍。而今赞比亚大部分地区都已被包装啤酒占领。商贸生产的啤酒奇布库（Chibuku）（赞比亚国民都称之为"摇一摇"），它的包装类似包装牛奶的纸盒。这种啤酒，醇厚，传统风味，不透明。因为价格较瓶装啤酒便宜，人们更青睐于此。大型啤酒工业涌现了许多赞比亚啤酒品牌，这些品牌随处可见，比如犀牛（Rhino）和莫西（Mosi）。还有从南非进口的啤酒品牌，如城堡（Castle）。事实上，赞比亚啤酒厂（Zanmbia Breweries）和北部啤酒厂（Northern

Breweries），就是莫西和犀牛的制造商。这两家啤酒厂将近十年前就已经为南非啤酒厂（South African Breweries）所有。如今，他们的城堡（啤酒品牌）已经是全球知名品牌，米勒啤酒也是。这不仅反映了啤酒品牌享有国际地位的重要性——世界大同主义的风气——也说明了赞比亚人的口味在不断变化。赞比亚的城市居民更喜欢自己熟悉的南非品牌而不是赞比亚的本地啤酒品牌。即便两种啤酒都产于同一家公司，他们也会选择南非品牌。赞比亚人可以在家里喝啤酒或其他含酒精饮料，但是绝大部分赞比亚人，无论城市还是农村，都会经常去当地的俱乐部、地下酒吧或普通酒吧喝酒。几乎没有任何禁令阻止女人去酒吧和俱乐部，但是单独去酒吧的女子却显然会落得坏名声。总的来说，不同性别角色情况不同，对于已婚妇女而言，如果丈夫外出喝酒，她就要和孩子待在家里。

环境对饮食的影响

20 世纪早期，野外狩猎活动是肉类蛋白质重要来源。狩猎对象包括各种羚羊、鸟类，偶尔也有大象之类的大型动物。在很大程度上，他们忽视了对某些动物的保护，如大象；限制其狩猎范围。但事实上，基本上只有赞比亚国家保护公园内（Zambia's protected national parks）还存活着这些珍稀动物。保护公园外，其数量极其稀少。即便如此，一些大型狩猎动物，如犀牛，几乎被捕杀灭绝。他们绝大多数是被偷猎者猎杀的，而不是普通民众为了获得肉类而猎杀犀牛和其他濒危动物。只有"动物之城"，即莫斯奥图尼亚国家公园（Mosi-oa-Tunya National Park），有石头围墙全面防护。如果动物们迁徙到公园

81

外就有可能被猎人或农民猎杀。农民是为了保护田地和家畜。实际上每当你开车穿过赞比亚偏远、人迹罕至的北部省份，会深受打击。野生动物，无论大小，你都看不到。因此，赞比亚建造了 19 个国家公园。更重要的是，因为某些物种被过度捕杀，某些族群所需肉类的数量减少。

赞比亚从事商贸的农民们喜欢说，他们的国家本应该是该地区的粮仓。而实际上，赞比亚是一个食品净进口国，进口的食品越来越贵。食品生产越来越依赖变幻莫测的气候，而这些食品又恰恰关乎生死存亡。此外，农村地区娱乐活动不多，牛肉、猪肉等肉类养殖的成本越来越高。因此人们会再次关注传统食物。这些传统食物更廉价，而且原料更丰富。虽然如此，也导致一些不良后果。该点，容后讨论。

其中一种流行的食物是本巴人的琪堪挞（chikanda）和尼昂加人的琪纳卡（chinaka）。因其形状、浓稠度和颜色与香肠相似，也被称为"非洲香肠"。还有一种传统菜肴，由兰花块茎、辣椒、花生、盐和小苏打制成。很长时间以来，只有在庆典仪式等特殊场合才有这道菜。因此，近几年它再次在城市里流行起来。如今它既是传统仪式中的一部分，同时也逐渐成为人们饮食生活的一部分。因为它比肉便宜多了。然而，这一趋势又有一个危害：因为琪纳卡（chinaka）很受欢迎，其需求量也随之增加。因而对兰花产量的需求急剧上升，85 种物种正面临快速损耗和灭绝的威胁。实际上，"因为将兰花入食的需求日益增大，每年有 220 多万支野生兰花被露天开采"①。

---

① 《以兰花为食，非法贸易致非洲兰花濒危》。

此外，近期研究表明：许多土地被挪用于农业生产、城市化建设和过度放牧，导致赞比亚许多传统植被面临灭绝的威胁。他们虽然也采取一些保护措施，但其作用微乎其微。

总之，各种各样的动物和植物物种面临威胁，其中有些危在旦夕。贫困的连锁反应：食物短缺和环境压力影响到赞比亚民众，尤其是农村地区的民众。他们回归传统食品，且仰赖于某些食物生存，比如被称为美味佳肴的琪堪挞（chikanda），不仅推动传统饮食文化的复兴，也将其引向灭绝。这种趋势可能会形成恶性循环，导致食物更匮乏。①

日常饮食和庆典饮食

在绝大多数赞比亚人家里，食物由女性准备（母亲和女儿们）。事实上，尽管有些极端，但许多传说故事都说明：如果一个男人握着女人的烹饪棒，就会交恶运。一般来说，就是做希玛（nshima）的烹饪棒。在家里，所有事物都要母亲们或妻子们完成。条件好的城市家庭，可能会请本地帮工。男性未婚男子则要自力更生。

基本早餐通常有面包和粥，一般情况下是玉米粥，再配一杯茶水。该国的鸡蛋很多，也不贵。西式早餐麦片在城市家庭中越来越普遍。午餐通常有希玛，就着前文提到的配菜一起吃。餐桌上这些食物的种类和丰富程度则随不同家庭经济条件而异。在家里，晚餐可能就是中午吃剩下的配菜，而希玛几乎都是顿顿现做。事实上，在家里制作和分配希玛（nshima）也

---

① 明戈奇和路辰：《赞比亚传统蔬菜》。

是有规矩可循的：给别人吃上一顿剩下的希玛是相当无礼的一件事情。他们还有在餐桌上洗手的传统习俗。（一个人把碗里的水倒出，另一个人用肥皂洗）洗手的顺序和吃东西的顺序一样，分长幼、男女。如果家里有男客，男客优先；如果家里没有男客，父亲优先。其后，轮到其他年长客人，家族长辈等等。孩子们最后。值得注意的是，在卢萨卡等城市，这些规范正在西化的家庭中消逝。

在许多传统仪式中，食物和烹饪很重要，处于核心位置。本巴人结婚仪式中，有一种叫阿迈特贝特（amatebeto）的仪式（详见第六章）：新郎的女性亲戚们给新郎和他的家人准备大餐。通常，在婚礼举行前几周就举行阿迈特贝特。男方的女性亲戚准备所有的食物，带到新郎的处所。整个过程，在新娘的母亲家唱歌、讲故事，情意浓浓。所有的食物，平日里有的、没有的，都会一道道呈现：鸡肉、琪堪挞、宜斐布巴拉（ifikubala）等等。总之，菜单很长。而且，这些食物也是新娘成为妻子以后需要会做的。本巴人婚嫁还有一个仪式，在结婚几年后举行，叫乌卡韦伊莎史弗雅拉（ukwingisha shifyala）。举行该仪式也要准备食物。乌卡韦伊莎史弗雅拉的举行就意味着女婿被女方家庭认可。女方会准备许多食物来庆祝。男方带着自己的家人到岳母家吃饭。当地的传统是：在该仪式举行之前，男方不可以与自己的岳母一起用餐。

东部省的古尼人（Ngoni）在庆祝尼克瓦拉（Nc'wala）（即最早丰收庆典 first fruits ceremony）时，占主导地位的也是食物。不仅整个大家族参加这一庆祝活动，整个地区都会参加。尼克瓦拉（Nc'wala）在 2 月举行，纪念尼古（Ngoni）祖

83

84

先迁移到赞比亚。尼古（Ngoni）是 19 世纪 30 年代从南部迁移到赞比亚的少数民族部落之一。每年丰收时节，首领不仅要品尝当年最早收获的水果，还要主持庆祝仪式。庆祝仪式上，除了有食物、各种各样的饮料，还有传统舞蹈表演。

食物的购买、种植和粮食援救

市场和商店

赞比亚绝大多数城市和城镇里都有超市，大多数食物可以在超市买到。20 世纪 90 年代以来，赞比亚为数不多的几家私营企业就是大型连锁超市。这几家大型连锁超市都属于南非公司，占据了赞比亚几个主要城市的市场。这些商店几乎同西方的商店没什么区别：有宽敞、明亮的走廊，有各种食物可供选择，有一系列出售的非食品商品，还有收银台一长排的收款机。中产阶级家庭主要居住在卢萨卡、恩多拉市，或基特韦等城镇。他们主要在超市购买食品，也经常会在露天或专业市场买鱼、蔬菜和玉米粉。在那边购买食品更方便挑拣，还可以砍价。贫困居民觉得大商店的商品价格太贵。相比之下，日常购物时，市场的地理位置更便捷。然而，居住在农村的赞比亚人，还在为生存奋斗。他们仍然处在自给自足水平。只有在最小，最偏远的居民点，找不到任何类型的零售商店。但是，在这些地方也有可供出售的物品，如适度盈余的水果、蔬菜等。假如有剩余的话，他们会放在路边售卖。

粮食生产

赞比亚的地理环境丰富多样。南部和中部省份，位于赞比亚中心平原，海拔为 3 000 英尺到 5 000 英尺，降水充足，可发

展多样化的农业。由于其土壤较为肥沃、气候好、地形平坦和
水分充足，赞比亚南部省份在殖民时期就开始了大规模的商业
种植。许多这种农场仍然由白人农场主经营。南部省以汤加人
为主。长期以来，汤加人精于饲养牲畜。汤加地区以前只能发
展自给自足的农业生产，现在许多汤加人都向中等规模或者大
规模的商业种植转型。相比之下，北部省份的土壤大都比较贫
瘠，不适宜农业生产。本巴人以前聚居于此地。该地气候和地
形并不适合养牛，也没有实质性的现代兽医防预措施。兽医防
预措施本身就需要相当大的资源投入。然而，这并不是说本巴
人和其他族群并不打算在此处务农；也不意味着，赞比亚北部
没有牧牛场。实际情况，恰恰与此相反。在此处务农、畜牧并
不意味着丰收回报、产量和高效，反而成为一个严峻的问题
（真实原因在于：该地区的居民在古代以狩猎文化为主）。赞
比亚北部，大部分族群的农业形势还是异常低效的刀耕火种。
他们称之为齐特姆纳（chitemene），或者本巴语的茨特么纳
（citemene in iciBemba）。早在 17 世纪，该地区开始流行刀耕
火种的种植方式——燃烧现有的森林，用富含氮肥的燃灰培育
小米、花生、豆类和木薯。在这片土地上耕种四五年后，就需
要休耕 20 到 30 年。很明显，再加上人口压力，这种耕种方式
严重破坏了生物的栖息地和林地。此外"根据土地数量估算，
齐特姆纳（chitemene）耕种方式的产出大概是：每平方千米

86

可供养 20～40 个人"① 在现代看来，这完全不合适。"对大部分家庭来说，就算没有饥荒，每年也会有一段时间出现粮荒。大概在雨季的后半部份（1 月到 3 月），那时新的作物还没成熟。② 总而言之，对赞比亚绝大部分民众来说，传统耕作方式生产的粮食根本不够，无法养活大家。

粮食援助

为了应对世界银行、国际货币基金组织、社会捐助机构以及国内力量的压力，赞比亚在 20 世纪 90 年代大幅开放农业市场。20 世纪 80 年代，他们也曾做过类似的努力，但失败了。90 年代，他们进一步开放市场，却只留下一个巨大的官僚机构——国家营销委员会。市场部门原来管理农产品的购买、销售、运输和分配。它的终止意味着许多小规模生产者无法进入市场，投入生产。然而，这降低了政府预算。农业自由化并没有刺激农业的发展，反而将其推向崩溃的边缘。当然，在一个运转良好的市场里，生活在赞比亚土壤贫瘠地区的居民可以购买或进口其他国家生产的食品。然而，由于种种原因，赞比亚还未能实现以市场为主导，分配食物。比如，由于费用问题，偏远地区，食品根本供应不足。（私人运输公司拒绝给该地区提供服务，因为经济短缺：他们无利可图）。同时，农村地区

---

① 马修斯：《齐特姆纳，方迪奇拉（方迪奇拉［fundikila］，一种农业生产方式，适用于无树大草原。每平方千米可养活二十到四十人。参考资料：The evolution of the fundikila cultivation system in Zambia, by Bright Mwakalome in The Miombo in Transition：Woodlands and Welfare in Africa", Bruce Morgan Campell, 1996, CIFOR, Page 121.）和混合农业》。

② 罗伯茨：《本巴历史》，xxvii。

太贫困，他们没有经济能力从外面购买食物。

为了应对恶化的经济环境和该地区在 20 世纪 90 年代频繁的干旱，赞比亚政府建立了粮食储备机构（FRA）。粮食储备机构的设立，原是为了满足人们的粮食需求。在干旱时期，尤其如此。然而，粮食储备机构所作的事情，似乎与其职责背道而驰。近年来许多贫困的赞比亚人一直以来依赖于捐助组织的粮食救援。然而，在赞比亚国内，就粮食救援这件事的争议从未消停过。例如，2002 年，赞比亚又一次发生旱灾，这是十年内的第四次干旱，粮食问题迫在眉睫。粮食援助由捐助者提供，主要来源于美国。美国坚持，援助用粮必须是转基因玉米。而赞比亚考虑到转基因食品危害人体健康、破坏环境，拒绝美国的转基因食品援助。美国对此很愤怒：赞比亚政府忘恩负义。其后，赞比亚政府于 2002 年禁止进口转基因产品。

目前尚不清楚赞比亚是否能够阻止转基因食物进入食物链，事实上，一些转基因种子已经进入赞比亚，其影响面积不大。其他许多国家会进口转基因食品。南非种植的玉米和小麦近 20% 的都是转基因。赞比亚对南非的依赖度很高。再加上南非在赞比亚有许多公司，比如南非啤酒厂、大型连锁超市肖普瑞特查克斯（Shoprite Checkers）① 等。基于此，赞比亚政府不一定能保护其居民免受转基因食品的损害。有些损害显而易见，有些损害潜伏很深。此外，因为越来越多的赞比亚人，至少精英阶层认可西式饮食结构。在某些方面，关于是否拒绝转基因食品仍存有争议。目前还不清楚赞比亚精英阶层对食品问

---

① 译者注：肖普瑞特查克斯（Shoprite Checkers），南非大型连锁超市。

题的担忧到什么程度，也不清楚贫困农村地区的赞比亚人是否同政府一样担忧转基因食品所带来的危害；又或者他们最关心的只是填饱肚子，而不是食物的来历。

传统服饰

赞比亚妇女经常穿着一种色彩鲜艳的染布——琪藤格（chitenge）。她们把这些长方形的琪藤格绕在腰间，当裙子或者纱笼穿。相应的小布料则用来做头巾；有时候，把小碎布缝在上衣上，搭配其他元素。琪藤格衬衫、裤子和背心都很常见。因为这种布料不贵，大家都消费得起。在赞比亚，琪藤格无处不在。在选举年，身穿琪藤格服装的人数猛增，衣服上印有一些重要政治家和候选人的头像。政治广告成为了时尚元素。从贫困农村妇女到富裕的城市女性，无论财富差距多大，琪藤格和其他布料的服装设计都日益奢华。事实上，在卢萨卡，精美的服装并不少见。一些女性日常就穿着设计精美，制作精良的琪藤格套装。这种面料价格低廉，轻巧实用。它是西方时尚在非洲的替代品。在正式场合，女性经常会穿着非洲风的印花服装或刺绣衣服。两块方形的布，剪一个洞，套头，系紧，在胳膊下缝好，就成了裙子、上衣、头巾还有大长袍。这就是他们的时装，其款式类似于西非的巴波（boubou）①。制作巴波的布料比琪藤格更厚重、厚实，比手帕柔软些。巴波在

① 译者注：巴波（boubou），（西非男女均可穿的）宽大长袍［西非当地语］。

图案、颜色、质地和款式上，明显具有非洲特色，根植于非洲
传统文化。然而，赞比亚传统服装没有什么独特之处。

实际上，赞比亚传统服装上五彩缤纷、充满异国情调的花
色借鉴自其他非洲文化和传统。西非男女们穿的巴波起源于塞
内加尔、尼日利亚和其他地方。琪藤格开始普及并成为赞比亚
主要的衣物用布并非久以有之——它不是始于殖民前而是开始
于 20 世纪 60 年代；实际上，这种布料最初是从他的邻国刚果
民主共和国以及西非其他地方流传到赞比亚的。在 20 世纪 60
年代和 70 年代早期，非洲国家独立运动紧随其后。这期间，
非洲的国家主权意识开始觉醒。虽然该意识仍处在萌芽阶段，
但有很明显的非洲大陆情结。对众多精英而言，这种大陆情结
不仅反映在政治和文化上，也反映在时尚中。他们有意反对西
式着装及其类似的替代品；他们穿着非洲传统服装，或至少该
服装的设计灵感来自传统风格。然而，在赞比亚，这正好说明
某些问题。作为一个国家，没有明显代表本国国民身份的服
装——也就没有强大的国家吸引力——甚至也没有时尚的
传统。

事实上，赞比亚传统服装并不独特，也不像非洲其他地区
服装一样有自己为人熟知的风格。比如，加纳的肯特
（kente）[1]，其纹理丰富，在重大仪式上有举足轻重的地位；肯
尼亚的肯加（kanga）[2]，简约；还有西非国家，如塞内加尔和

---

[1]　译者注：肯特（kente），非洲最著名的布。
[2]　译者注：肯加（kanga），起源于非洲妇女的衣着，用一方布包缠身躯而
　　成）肯加衣裙。

尼日利亚优雅的长袍，它们有的色彩艳丽有的为纯白色。赞比亚没有象征国家的国民服装。其国内73个民族的服饰风格和款式不多，相互之间差异也很小。

或许，在赞比亚民族中，最具特色的传统服饰是洛奇女人的传统服装，慕西西（musisi）。慕西西是一种大裙子，从腰部呈锥形展开。裙子内部有裙托，保持形状。但裙托并不十分牢固，跳传统舞蹈的时候，整个裙托都会移动。然而，慕西西的接受度和认可度并不比其他没有特色的民族服装更高。事实上，在1995年于北京举行的联合国第四次世界妇女大会上，赞比亚代表团成员认为他们在会议开幕式上应该穿民族服饰。当时赞比亚代表团人数很少，但也不能统一意见，将慕西西定为民族服饰。部分原因是，慕西西仅仅只象征洛奇人的传统。而其他民族服饰缺乏独特性，他们就只能放弃在开幕式上穿传统服装的想法。

殖民时期之前，在赞比亚某些地区，其传统服装主要是动物皮或树皮，将其缠绕在腰部或挂在肩膀上。如今，举行传统仪式时，他们仍然会穿一些动物皮毛。早在殖民前，棉纺织就已经是赞比亚文化的一部分。在赞比西河流域和东北地区，棉纺织是殖民后才有的。当时欧式服装一引入赞比亚，迅速在所有社区蔓延开。因此，对男性而言，裤子马上称为他们的日常服装。而且，在当今赞比亚男性时装界，无论其所处收入阶层和民族，其着装意境明显西化。

赞比亚曾经生产过当代西式服装，但是随着20世纪90年代国营服装厂和纺织业的崩溃，其生产产品已经严重滞销。随着收入下降，国有服装生产萎缩，赞比亚人把眼光转向萨鲁拉（salaula）① 和二手服装业。这就意味着：许多赞比亚城市居民穿的衣服主要是"从一堆里选"或"翻出"来的，就连最简单的纱丽（sally）也是如此。即便是有钱人，也是从打折的套装、裙子、T恤里挑衣服。衣服价格很低，相当于新衣原价的零头。这些衣服通常是西方国家捐赠的，质量都很好，打包在大箱子里。赞比亚已经做了几十年二手衣物进口贸易，20世纪80年代末和90年代，赞比亚经济危机日益严峻，萨鲁拉的贸易市场显著扩大。

---

① 译者注：萨鲁拉（salaula），即赞比亚二手服装。

6. 性别角色、婚姻和家庭

据说在某些方面，世界上最受压迫的人是非洲女人。虽然这个说法很难得到科学证实，但非洲妇女确实都很贫穷，社会地位较低，比世界其他地方的女性更容易遭受疾病侵扰，寿命更短。当然，与非洲的男性相比，非洲妇女在家庭、社会、国家和国际环境中面临的问题、困难和歧视更多。在一些非洲国家，她们已经取得了令人瞩目的进步——比如在女权、继承法、政治参与、代表权和企业所有权这几个方面——但是，在非洲世界，男性占主导权，大多数非洲妇女受控于男性。

非洲在性别关系处理上有些极端。而赞比亚代表一种中间情况：女性通常在政治、经济、文化和传统等领域有固定地位。虽然处于从属位置，但这些女性在其领域都取得了成果。此外，因为受殖民主义、当今全球化和第三章论述的各类媒体的影响，赞比亚和其他撒哈拉以南的非洲国家一样，正在经历传统与现代、与西方的碰撞。正如在其他撒哈拉以南非洲国家，传统与现代、与西方发生了碰撞，矛盾重重。一方面，殖民主义带来了保守力量（如基督教，僵化的性别角色）；另一方面，西方文化也带来了全球女性主义及其随之而来改变当地性别等级制度和文化规范的压力。在某些地方，各类势力相互竞争，局势紧张。

本章将女性置于一个更大的性别角色话语中，即赞比亚的 婚姻和家庭关系。需注意：关注性别与关注女性不是一码事。但是，讨论性别不可避免地要讨论女性在社会中的地位、职位和赞比亚社会男性的权力。尽管男人和女人角色不同，也会扮演一些同等的角色、承担部分相同的职责。而在大多数情况下，女性不过是男人的"镜像"，如此柔弱无力。总之，赞比亚和非洲的女性处境艰难，其生活全方位受钳制，无论是家庭中、社会上、经济方面，还是法律上都比男性艰难。这一现象的危害远比不公平问题深远。这一事实表明，赞比亚在实现性别平等的道路上任重道远。50%以上的公民迫切期望国家进步，不仅要提高女性生活水平而且还有国家作为一个整体更长远的发展前景。

在赞比亚，人们的观念总是：女性不如男性。甚至在殖民时期也是如此（殖民前，一些国家的性别关系很和谐、女性权利也有保障。但是，也要注意：不能过分夸大殖民前性别关系的和谐度和女性权利）。尽管如此，殖民前的女性以及女性家族享有许多权利。随着殖民主义和基督教的到来，其地位和权利就发生了改变：降低了新娘/妻子这一角色的地位，抬升了父亲/丈夫角色的地位。同时，维多利亚时代的性别观念也随着殖民而来：女性从属于男性和丈夫。（讽刺的是，维多利亚自己当了女王！）

无论在传统的农村环境中还是当代城市环境里，女性地位通常都很低。殖民时期，有一个显著的现象：大量的农村年轻人向城市迁移；现在仍然如此，许多年轻人被吸引到城市中去。回想殖民时期，赞比亚对殖民企业的主要贡献是丰富的铜矿石和大量的采矿劳动力。在中央和铜带省，采矿需要大量的非熟练和半熟练黑人劳工。他们总是招募男工去开矿，有的甚至是被强行带去。这就导致农村地区缺乏青壮年男性劳动力。虽然现在赞比亚本国国内还在运作的矿业不过占殖民高峰时期矿业的一小部分，但是由于农村—城市迁移进程的发展，就业期望值升高，性别失衡更加严重。因此，在赞比亚，农村地区的女性通常多于男性。于是，照顾家庭、维持生计的责任就主要落在女性身上。

93

政治和权力

国家的角色

21世纪初，进步与积习并存。简而言之，赞比亚性别关系的特点就是矛盾重重。例如，如今政治领域和政府权力职位上都有女性。有的女性做生意、经营非政府组织。她们可以从事任何职业；很少出现女性因为性别歧视而无路可走的情况。但是，女性要取得同男性平等的权利仍然困难重重。比如说，越来越少的受过教育或富裕的女性能够在政府或企业里工作。还有，贫困。贫困给女孩和妇女们带来的损害极具破坏力。女孩最晚受教育，往往最早结婚，不超过13岁。

此外，女性也没有与男性相媲美的政治参与权。在赞比亚，尽管女性积极参与新民主党派，但几乎没有女性在赞比亚国民议会中获得席位。而另一方面，又有女性在核心的政府部门任职，如：卫生、财政、农业和驻美大使。然而，在女性政治代表权方面，赞比亚已经落后于南非、莫桑比克、卢旺达和乌干达等其他非洲国家。事实上，在赞比亚的那些南非邻国中，南非和莫桑比克已经给女性预留议会席位。因此，其女性在国会中有超过 30% 的合法席位。而赞比亚，由于没有此类要求，女性议员总人数仅有 20 位，而议会总席位有 150 个。虽然，赞比亚女性无论是当政治候选人还是作为社会的一份子，压力都很大。但仍然可能有一小部分官员缺乏主动性，试着增加女性官员的数量。在政府体系底层，类似的性别失衡更严重（必须强调，赞比亚中部地区政府底层官员男女比例失衡情况最严重）。在大部分农村省份，比如西北部，极少有女性在当权政治界担任头领、领袖或者当地政府官员。[①] 最终，只有一位名叫格温多林·康妮（Gwendolyn Konie）的女性参加了 2011 年的总统竞选。虽然她势必败选，但她开了一个先例，意义重大，极具象征性。还有发展与民主党派论坛的伊迪斯·纳瓦奎（Edith Nawakwi），她直言不讳并坦言将参加总统竞选。

94

社区和家庭角色

男性和女性日常生活方式完全不同。居住在卢萨卡等大城市的女性，主要负责打扫房子、洗衣服、做饭。农村的女性，除了做家务，还要照看孩子、收集水和木柴、从事农业生产。

---

① 克里恩：《断裂的社会》，第 133 页。

男孩子要做的杂事就少很多。你经常会看到他们在踢足球。足球在赞比亚十分普遍。男人主要在农村社区或其他地方工作。农村和城市环境都一样，一旦男性有工作还有工资收入，他们就不大可能在家里干活。因此，男人坐在一起聊天、玩游戏；如果有可能，一起喝喝啤酒，都很常见。赞比亚并没有文化禁令，禁止男人做洗衣、做饭等"女人的工作"（某地区，某文化中有这样的禁令）。尽管如此，只要妻子或者女性亲属在家里，就很少看到男人做家务。虽然殖民政府迫使许多男劳动力成为工薪阶层，成为矿业的劳动力，他们也在农村地区推广经济作物种植。因此，男性开始负责经济作物的种植——而且扬言保证有进项——然而，最基本的生活还是依靠女性，家务和生产都要靠女性完成。丈夫们开始有了"固定收入"，新的家庭劳动分工形成。男性在家庭竞争中的优势更加明显。这种情况以前从未有过。因此，更加确立了男性角色的地位。

除了工作，男性和女性还要扮演家庭角色。赞比亚城市居民更加富裕，他们通常会雇佣工人来照料家务，负责园艺。对于贫穷的赞比亚人来说，无论生活在这个国家的城市还是农村，其家庭生活和受到的桎梏都一样。除非在他们生活的城市，社会环境更加开放，就业机会更多。总而言之，生长在偏远地区、缺医少药的赞比亚人，生活更加艰辛。但是，也不应该夸大赞比亚城市生活的舒适性。因为赞比亚贫穷的城市也被基础设施差和长期失业等问题困扰。

当然，性别决定了这个人要扮演的角色，性别本身也意味着强制约束。赞比亚成为殖民地之后，更是如此。然而，在所有赞比亚文化中"年龄"比"性别"更重要。年龄越大，地位越高、越重要。赞比亚同大部分国家一样，奉行"长者至上"的原则，也就是说年长者应该受到尊重，崇敬。然而，一个人在家庭和社区的地位也由其社会地位决定。年龄往往比其他身份标识更重要。因此，年长女性，无论是母亲或者祖母或者婆婆都会受到尊重。女孩们和年轻女性们总是听从长者们。因此在一些习俗里，女儿或者媳妇见到自己的母亲或者婆婆时，要长跪，不可站立。实际上，这方面的传统规定有许多：避免与长者有目光接触。年轻男性也应该尊重女性长辈，尽管有些接触的细节与男性长辈不同。然而，值得注意的是，在当代许多情况之下，很多传统都不那么严格遵循——比如做不到不与长辈有目光接触或者很标准地长跪，至少，这不实际而且不合适——但是这些习俗往往在正式的家庭场合中保存下来了。

在此，指出"长者至上"的局限性也同样重要。年长女性由于年龄大而受到尊重，但这也不能提高她在整体性别等级制度中的地位。在性别等级制度中，主导权仍然在男性手中。因此，年长女性通常会优先为男性服务，满足他的需求，而且在一些场合要给自己的丈夫下跪；除非，她身体有残疾。女性几乎总是从属于男性。即使一位老妇人成为寡妇，那么另一个人会象征性地取代她刚刚去世的丈夫的地位。这个人可能是一位已故的丈夫的男性亲属。

婚姻和婚姻的期望

96

婚姻是性别关系中至关重要的一部分，也是个人身份重要的一部分。赞比亚历史上看，很少有成年人不结婚。对成年男女而言，婚姻仍然很重要。人们往往认为：在婚姻关系中，年轻的女性不过是男性的陪伴。这一点体现在许多方面。一般来说，女孩比男孩结婚早些，许多女孩 15 岁左右就当妈妈了。即便在城市，女孩们有更多接受教育的机会和其他机会，但是城市和农村的女孩早婚十分常见。婚姻法第五十章规定，未满 21 岁者需要父母或监护人书面同意才能结婚。然而，该法案与他们的结婚习俗不符合。实际上，在他们的结婚习俗中，只要孩子进入青春期（几乎总是女孩们）就可以结婚。婚姻习俗中，孩子的婚姻也要求父母的同意（不只是正式的书面同意，也是一个法律文件）。于是，十二三岁大的女孩子们就这么被她的家人嫁掉了。此种情况下，女孩们就这样轻易失去的不仅仅是受教育的机会和自主的权利，还有作为儿童的权利。

女性地位较低、处于从属地位还表现在一夫多妻制上。实际情况中，他们允许一名男子娶多个妻子。基督教传入前，许多民族都是一夫多妻制。即便在当代，部分赞比亚人由于基督教道德观的谆谆教诲，践行一夫一妻制。但实践起来却通常让人皱眉头。践行一夫多妻制的民族中，汤加人也许最多。文化相对主义论者则强调一夫多妻之于农耕民族内在逻辑的合理性。事实上，一项研究蒙泽（Monze）① 地区汤加人的研究发现：该地许多人都是一夫多妻。一旦新家庭成立，"男人就有权利寻找第二个妻子。第一任妻子不会反对，因为他们认为一夫多妻制是社会延续的保障。孩子越多至少就意味着，家里有

———————————

① 译者注：蒙泽县，赞比亚南方省的一个县。

劳动力，可以为家庭奉献一份力量。其次，男人不可以同有孕在身的妻子同房。第三，妻子越多就意味着种植玉米和蔬菜的劳动力越多。[1]

然而，无论你对"非西方文化"多敏感，认为非西方文化多么值得称赞，也不应该忽视"一夫多妻"歧视女性的事实。[2] 此外，尽管赞比亚如今已没有公开正式的一夫多妻。但社会上一夫多妻的观念仍然十分盛行。最近的研究表明：实际上，女性理想的愿景也是希望实行一夫一妻制，希望婚姻忠诚。这也表明，一夫多妻制让她们心碎。更何况现代社会还有一夫多妻制，也太老土了。有些人不娶多房，而是找许多女朋友或者性伴侣。事实上，丈夫们总希望身边有个女朋友。而实际上，这一行为已被广泛认可。你甚至经常可以看到这样一种情况，而且明显非常突出：已婚男人晚上和他们的女性伴侣在一起；你不可避免地会碰到这样的事情，这已经成为社会一个公开的秘密。还有一个常见的现象：女朋友们会有孩子，或者接触到 HIV 病毒而感染艾滋病。最有趣的是，他们的妻子居然能忍受自己任性的丈夫，纵容他们有婚外情。而且，她们经常为此开脱，说"这就是男人干的事情"。具有讽刺意味的是，在这个艾滋病毒和艾滋病横行的时代，一夫多妻制的患病风险比未婚性伴侣小得多。

总之，赞比亚人的婚姻也矛盾重重。鉴于结婚是正常生活的一部分，实际上就是一种必然常态。女性特别希望能够早点

97

---

[1] 萨哈：《汤加族首领和人民的历史》，第 80 页。
[2] 斯里特：《无尽的不平等》，第 98 页。

结婚，而婚姻制度则需要有相应的妥协。如上所述，对婚姻的期盼，来源于非洲文化。非洲文化认为孩子和生育十分重要。在许多婚姻关系中，虽然大家都希望婚姻能长长久久，但忠贞不渝的愿望始终难以达到。离婚主要由不忠、遗弃和家暴引起。而且，越来越多的年轻女性选择推迟结婚。相反，她们重视教育，开始自己的事业。但是，我们不能将这一改变视为赞比亚文化翻天覆地的巨变。因为赞比亚女性的受教育和工作的机会仍然不多。尽管如此，你仍然可以有其他的选择，而且越来越多的女性可以掌控她们的生活和未来。在卢萨卡和恩多拉市这样的大城市尤其如此。然而，农村地区年轻女性，在婚姻问题上要应对更大的家庭压力。

传统订婚仪式

赞比亚主要几个民族的婚姻仪式和规矩各不相同。有些民族虽然过着现代赞比亚人的生活却仍然行着传统的婚姻仪式。在某些情况下，这些传统仪式也随时调整，要么缩短时间要么在其他方面做些调整，以适应现代的生活（如全职工作、城市居民区、便利性等因素）。尽管如此，大部分仪式都会保留其强烈的象征意义。因为他们代表一种很重要的联系，一种与父母辈文化沟通的联系。在卢萨卡这样的大城市，这一点尤其重要。城市中不仅有多种多样的少数民族人民，而且越来越多的年轻人迷恋西方的信条和理想。

聘礼

聘礼，有时被称为洛博拉（lobola）① 或萨拉摩（nsalamo）。这是大部分赞比亚婚姻文化中一个重要的风俗。不同的民族文化中，彩礼数量和功能的差距也非常大。在一些文化中，比如本巴文化，聘礼或者萨拉摩的数量微不足道。它不过是一个象征意义，表示准新郎想要结婚。而且，实际上，他们更早的时候，婚姻商议时用的聘礼不是金钱而是手镯、斧头、锄头或者其他工具。这个习俗是新郎的家庭为了向新娘的父亲和她的家人表明自己的决心。在本巴传统社会，新郎不可以在订婚之前见到自己的丈母娘。很多情况下，如果准新郎（或新娘）的父母还没来得及开始正式商议前，孩子双方却已经有结婚意向，就会显得不合时宜。事实上，即时在今天，孩子们也很少将自己的男朋友或女朋友介绍给自己的父母。

在一些文化中，比如汤加文化，聘礼就十分贵重。牛在汤加文化中非常重要。聘礼通常是一头牛，给新娘父亲的。在任何情况下，不应该嘲讽此种行为一种交易，不能把它当作父亲快速致富而出售自己女儿的方法。相反，传统意义上，聘礼是一种补偿，补偿损失劳动力的女方家庭。该补偿即用来代替出嫁的女儿。当然，女孩们会离开自己父亲所在的村庄去丈夫居住的村庄。其结果是，父亲失去了可长期使用的劳动力——女儿。最重要的是，彩礼具有象征意义。虽然聘礼习俗无比风行；但在当代社会，随着国际和国内女权运动的发展和宣传，

98

---

① 译者注：洛博拉（lobola），非洲传统文化中男方为娶亲送给女方的彩礼，彩牛礼。

聘礼制度有时也颇具争议。即使聘礼的本义并非如此，但聘礼越贵重，新娘就越容易被视为商品。她的所有权从父亲转交到丈夫手上。毫不奇怪，这里就表现出真正的性别冲突，尤其在当代社会。此处，我们稍后讨论。

聘礼习俗中存在的另一个问题就是：有一部分男女因为没有聘礼而不能结婚。然而，其他的人会努力争取资源，在经济困境中开始他们的婚姻。[①] 同样，如果聘礼主要是象征性的而不是财富的转移，这就不是什么问题。而且在许多西化的家庭，双方都会不要聘礼。而且越来越多的西化家庭出来的孩子会反对这一习俗。私奔在赞比亚并不是没有。比如汤加人，私奔这一行为十分管用，能确保父母答应他们的婚事。但是，他们不是为了逃聘礼。实际上，汤加（南部省份）的婚姻传统中包括新郎和新娘的私奔。之后，以牛的形式，给新娘子一些财富。理想情况下，两家在结婚前可以见面、商议。但是恋人私奔后，双方家庭必须见面并同意婚事，或者女方父母起诉私奔的男方，要求其赔偿彩礼损失。[②]

传统的婚礼仪式

本巴人有一套精心设计的传统婚礼庆典仪式。其中大部分传统现今还保留着。假如准新娘的家庭已经接受了聘礼，那么就意味着双方已经订婚了。下一步就是阿迈特贝特。这一仪式中，准新娘母亲带着她的女性亲属，还有好朋友们为新郎、新

---

① 斯里特：《无尽的不平等》，第 93 页。
② 同上，第 93 页。

郎的家人和朋友们准备丰盛的菜肴。以前，需要很长的时间为阿迈特贝特做准备，有时在婚礼举行前几个月就要开始准备。现在的准备时间可能短一些，大概从实际婚礼仪式举行的一周前开始准备；又或者将阿迈特贝特挪到婚礼仪式之后举行。他们会花一整天为新娘派对做准备，准备各种各样的传统佳肴。巴纳布韦噶（banabwinga，即新娘）不允许参加派对，要独自待着。然后，他们会将美味佳肴赏赐给新郎和他的随从们。那些女性们载歌载舞地呈上美食。每一道菜都是为新郎或巴纳布韦噶准备的。仪式的一部分还包括，为巴纳布韦噶洁净双手和双脚。整个过程中，他的布什布孔贝（bashibukomb，即某位"父辈"）会引导着他。这个人一般由一位年长的亲戚担任，比如叔叔，但又不是直系亲属。布什布孔贝是一位可靠的顾问，能解答仪式中各种问题。该仪式有很重要的象征意义：在传统时代，新郎通常希望新娘在婚姻生活中能够烹饪这些食物并且给他做个人护理（比如，清洗双手和双脚）。

下一个仪式要秘密举行，未成人（未参加成人礼）和未婚者不能参加。仪式叫"乌布围嘎"（ubwinga），即英文中的"过夜"（overnight）。在传统婚礼习俗中，只要完成乌布围嘎仪式，就意味着这对新人就已经成婚。英文用"过夜"，该仪式当然在晚上举行。仪式包括茨孙谷（cisungu），即新人入洞房；新郎、新娘各自单独接受的考验；还有新娘入门礼。此外，生活在城市的中产阶级本巴人通常称之为"过夜"。虽然如此，但此处需指出：这一夜意义重大，代表整个乌布围嘎仪式，是该仪式的缩略版。在农村地区，当然是在被殖民前，"乌布围嘎"仪式通常要举行几周。甚至在当代，城市地区需

100

要三天时间来举行"initiation 和婚礼"。其中一天在森林里举行。此外，还有一系列仪式在室内举行，从前天下午一直到次日清晨……活动中女人们饮用传统啤酒（卡图比和卡塔塔）……在固定的时间用餐"①。几乎在整个婚礼仪式中，都有鼓乐、歌声和舞蹈伴随。

茨孙谷仪式的举行是为了教夫妻二人婚姻之道。其中充满了隐喻和象征意义：性交、怀孕、抚养孩子、婚姻问题等等。由于该仪式要秘密进行，因此不能向未成人者泄漏任何有关信息。只有新郎新娘已婚的亲戚们才会参加该仪式。他们已经完成了"乌布围嘎"仪式。其实，大部分人只不过在旁边观看。仪式第一部分是：新娘藏在某一个隐蔽的地方，比如自己的卧室。新郎和他的家人到达时，准夫妻（即已订婚）要在巴娜西布萨（banachimbusa）的引导下，通过一套考验活动。通常情况下，担任巴娜西布萨的是女性。她不一定是新郎新娘的亲戚。巴娜西布萨通常都受过严格的专业训练。二人完成这些仪式后，新郎和家人就可以离开。而新娘还要继续另一套仪式，至少要到第二天早晨才能结束。

对赞比亚所有的民族而言，结婚仪式属于家庭事务。本巴族人的结婚仪式也是如此。婚礼结束第二天，通常会举行乌库瓦拉（ukulula）仪式。新娘和新郎坐在编织藤垫乌布坦达（ubutanda）上，接受来自双方家人以及亲密朋友的祝福，聆听他们的建议。这非常类似西方婚礼中的"迎宾列队"（receiving line），新郎新娘第一次以夫妻的身份欢迎宾客，接

---

① 雷森：《森林的焚毁》，第 131 页。

纳宾客们简单的祝福。但是，赞比亚的乌库瓦拉和西方"迎宾列队"的区别就是，乌库瓦拉（ulukula）的举行不限时长。所以，如果是大家庭的婚礼，乌库瓦拉可能要持续好几个小时。

婚礼会持续数天，整套传统仪式完成后，生活在城市的赞比亚中上层家庭往往还会再举行一场西式婚礼、办一场喜筵。如此一来，新郎就能同他的新姻亲们十分熟络。虽然实际情况如此，但礼数上不尽然。举个例子来说，尽管新郎出了彩礼，女方家庭也为他举行了一系列仪式，但妻子的家庭并不完全认可新郎，不完全认为他是自己家庭的一部分。因此，还有最后一项仪式，叫作乌卡韦依莎·史弗雅拉（ukwingisha shifyala，字面意思是"女婿入门"），男方作为妻子的丈夫正式成为妻子家庭的一分子。结婚后好几年后才会举行乌卡韦依莎·史弗雅拉，有时甚至永远都不举行。乌布围嘎（ubwanga）和乌卡韦依莎·史弗雅拉中间有几年空档，夫妻二人要生几个孩子，以确保婚姻关系稳定。如果严格遵循传统：在此间隔时间内，丈夫不可以和他妻子的母亲一起用餐或以任何理由进他们家门。但是，如果完成乌卡韦依莎·史弗雅拉仪式，就等于女方家庭已经完全接纳女婿。这些禁令就会被解除。显然，要在现代社会的语境下，在人们生活愈发城市化的情况下保留这一风俗，很难。许多想要传承这一悠久文化传统的本巴人，也希望能放宽该禁令。尽管如此，乌卡韦依莎·史弗雅拉作为漫长的婚礼中最后一个仪式，也很重要。需注意：没有传统能够完完整整地保留下来，能够从其起源伊始就从未改变过。实际上，文化本身就不是一成不变的。此外，本文在描述某些传统时总

101

与本巴、汤加等特定的民族联系在一起，但应注意的是：赞比亚其他民族的传统文化也有着与其相似的文化源头（第 1 章已提过）。因此，如今有一些民族借用了另一个民族的文化传统。即便已经借用了好几百年，但人们很有可能将这种现象简单地定义为文化的"类型合流"（reconvergence of sorts）。举一个突出的例子：阿迈特贝特（amatebeto）。以前，阿迈特贝特只存在于北部省的本巴民族，某种程度上还在东部省份流行；其后，逐渐被洛奇人接纳。接着，其他民族也纷纷效仿。另外，由于不同民族人民之间通婚，婚姻习俗也相互影响。

西式婚礼

当然，所有赞比亚人都受到了西方规范和传统影响，不理会传统遗俗。结婚习俗也是。在赞比亚，如果夫妇行了规定的仪式，其婚姻就具有合法性。传统婚礼中的一些仪式已经在前一节中讲过。赞比亚农村地区，保留了许多传统的结婚习俗。许多人会举办传统婚礼，正式确立夫妻关系。就像基督教徒的婚礼：因为宗教信仰，基督教教徒会办一场基督教婚礼或世俗婚礼。有些赞比亚人，尤其是居住在大城市的，他们深受西方文化影响，可能会选择完全放弃赞比亚的传统婚姻习俗，举行西式婚礼。

民事婚姻则是在城市或地方官方机构中登记完成。结婚登记时要一点小费，而且必须要有两个见证人在场。这一过程十分简单、直接。相比之下，教堂婚礼，既有非常豪华的，也有规模小的。豪华的婚礼，会有数百名宾客到场，举行地点可能是卢萨卡巨大的圣公会大教堂（Anglican catheral）。规模较小的，则在乡村的小教堂举行。通常，教堂婚礼与西方相差无几，根据特定的信仰，遵循宗教传统礼拜仪式。这些婚礼在形式上，照搬西方模式。因此，会有熟悉的白色婚纱，身穿礼服的新郎、侍从、鲜花陈列。富裕家庭的婚礼，还会有摄影师或者录影师捕捉新郎新娘每一个动作。许多婚礼仪式都是一个模式。比如在卢萨卡，突出路口的环岛上，叶子花簇拥间，有新娘团的身影，中间最显眼的位置摆着结婚照。当地人，深爱这一婚礼形式。

离婚的前因与后果

19世纪，离婚在北美和欧洲非常罕见。即便在近代20世纪50年代，在美国，其社会和宗教习俗都严格禁止离婚。离婚，无论如何，总叫人皱起眉头。而在以前的赞比亚，并不如此。那时，他们认为传统婚姻非常软弱，至少在某种意义上，婚姻关系可以通过男方或者女方的某种经济补偿解除。[1] 在赞比亚文化，尤其在本巴、昂德（Kaonde）等订婚礼金稀薄的文化中，只要女方给些东西，男方就允许妻子离开自己。不过，这种情况很少，如果有的话，男方会要求一切赔偿。然而，在汤加，要想通过离婚来解除传统婚姻，阻碍更多。一项汤加研究观察发现：因为婚姻，丈夫与妻子的亲戚也紧密联系在一起，而且双方的亲属间也有联系。这许许多多的关系都可以预防婚姻的破裂。假如，妻子想要摆脱婚姻关系，她的亲属

---

[1] 雷森：《森林的焚毁》，第43页。

就要归还相当数量的牛。又因为此种财产利益关联与父母直接相关，父母也会劝解女儿尽量包容丈夫与自己的差异。因为物质利益，丈夫在婚姻关系中总居主导、处核心地位。①

103　　基督教的传播改变了现有社会习俗对离婚权利的看法。具体而言：所有基督教或者罗马天主教，也都不赞成离婚。只有在最极端的情况下，才允许。而在西方，许多与结婚和离婚有关的社会和宗教规范近十几年也开始松懈。尤其是现在，人们已经开始关注女性赋权问题。因此，当今赞比亚重返传统婚姻文化，在某种文化上也是为了解放婚姻，重新获得婚姻关系中潜在不定的关系。现在，离婚已经相当普遍。因此，也很少有人认为离婚不道德或令人反感。民政局很少拒绝离婚申请。甚至赞比亚前总统，弗雷德里克·奇卢巴已经二度离婚。而实际上，他和前第一夫人薇拉·奇卢巴是在结婚20年后才离婚。奇卢巴的婚礼是传统婚礼。在任何情况下，离婚对于男人来说都是非常耻辱的，而女性则需要应对社会上更严厉的批评。

　　离婚的原因多种多样。有可能是丈夫的原因也有可能是妻子的原因。许多离婚案都跟"性"有关。再有的，就是生子、个人行为和忠诚的问题。举个例子：如果妻子不能生育，男人通常会和妻子离婚。因为结婚主要就是为了生育。这一点在传统和习俗婚姻中尤其突出。当然许多法定的婚姻（即领证的婚姻）也是如此。如果不能生育，那么夫妇俩就要面临巨大的社会文化、社会和个人压力。讽刺的是，无论双方哪个没有生育能力，背负不孕不育责任的都是女性。这又说明赞比亚社

------

① 萨哈：《汤加族首领史》，第84~85页。

会女性的地位较低。

不忠是另一个毁灭婚姻的原因。正如前一章提到的"公开的秘密",许多男性(但不是所有)对他们的妻子和女朋友不忠。然而,女性很少以丈夫好色为由起诉离婚。这种行为不应该被误解为女性的宽容。女性很少寻找婚外性伴侣(即便他的丈夫有婚外性伴侣)。但这也不能阻止男性找借口离婚。然而,有趣的是,在对汤加人离婚现象的研究中,你会发现在离婚原因栏目中经常出现的一项是"不讲道德……大多数情况下都是妻子有错"。① 这只能说明社会和法律对女性有偏见,而不是真的存在许多不忠的妻子。

离婚原因还有:家暴。家暴非常普遍。虽然社会制度很先进,有法制,但大家都容忍家暴,农村地区尤其如此。还有一些是因为他们的妻子不愿与之发生性关系或者不愿为他们做饭。他们认为这两项是作妻子最核心的职责,而且她们没有拒绝的权利。前者助长了艾滋病的传播,具有毁灭性的危害,此内容稍后会讨论。简而言之,因为女性没有权利拒绝丈夫的性要求(也同样没有权利坚持其使用避孕套)。如果妻子拒绝与丈夫发生性关系,甚至拒绝没有保护措施的性行为,就会被离婚。同时,女性没有去协调两性关系,也会给自己的生命构成威胁。妻子们认可丈夫们到处寻花问柳,可能会纵容丈夫,从而感染艾滋病毒。可以肯定的是,这些都不是理想的选择。

简而言之,法律、文化和宗教允许离婚并不意味着:夫妻双方可以不重视离婚,抱着无所谓的态度。也不意味着:离婚

① 萨哈:《汤加族首领史》,第83页。

本身不需要付出很大的代价。普遍来说，由于女性本身就受到的歧视。离婚后，她们不仅要忍受骂名还要承担潜在的财产损失和婚后财产损失。此外，女性主要在家里工作，离婚后她们还要应付更多的歧视。依照传统，女性离婚的行为总为人不齿。女性不仅会损失财产，而且其社会地位还会受到影响。虽然一些研究发现："在城市，某些低级法院会判丈夫赔付一定的离婚赔偿金"。然而在赞比亚习俗中，完全没有补偿金或者赡养费的概念。这些法律规定，部分是为了保护被离婚的女性，离婚的男性通常没有充足的离婚理由；部分是为了为给她们一些补偿，补偿他们在婚姻中的付出。[①] 然而，这些补偿非常有限。无论如何，女性已经损失了大量的资产。而且，离婚后还要寻找新的住所。更糟糕的是，该赔偿法律执行力不足。

因此，在许多城市，女性会无视丈夫的错误，回到前夫的身边。上文已经论述过赞比亚的男女性别的关系。赞比亚文化天生就偏向男性。女性总是在原谅男性的不端，而受到惩罚的却总是女性。尤其当女性要结束婚姻关系的时候，其惩罚更重。因此，总有报道：某女性失去处所，失去与前夫共有的财产，失去孩子的监护权。此外，离婚很有可能是前夫与他的亲戚共同密谋安排的，有可能是他的女性亲戚。他们很缺乏法律约束力，而且未受过教育的贫困女性尤其缺乏法律系统、律师和警察等的帮助。可以肯定的是，女性像二等公民一样被对待的现象虽然很频繁，但也受到越来越多的挑战。许多妇女

---

① 南非法律委员会：《普通法》（译者注：普通法［common law］指英美法律体系中与衡平法［equity law］对应的法律。）和本土法律的协调》。

NGO 组织，比如"计划生育"（Planned Parenthood）和"家庭生活运动"（Family Life Movement）等。女权维护人士也在努力帮助她们争取权利，认识到自己在离婚事务中应该争取的权力，还有守寡、被抛弃、家暴等情况中的权利。 105

艾滋病病毒/艾滋病及其对婚姻的影响，家庭和性别角色

在赞比亚，艾滋病毒/艾滋病的肆虐给婚姻和家庭带来了毁灭性打击。艾滋病毒通过性活动的传染率近年来已经稳定，估计在 16% 到 19% 之间。尽管如此，该地艾滋病感染人数有数百万之多。在任何国家，这都是一个惊人的数字。更别提贫穷的国家，他们的国家卫生保健体系落后。人民疲于应付这一问题。此外，据估计，艾滋病的肆虐导致六十多万儿童成为孤儿，家庭已经无法抚养孩子们，更别提国家。然而，普通的赞比亚人仍然非常勇敢地面对艾滋病，继续抗争。许多孤儿由家庭里的叔叔、阿姨或者其他亲戚收养。在这些亲戚中，很多要与疾病，通常情况下，还有自己家里的贫困抗争。这是好现象。

不好的是，赞比亚性别关系和婚姻关系的恶化本质上就是拜艾滋病的流行所赐。上文已提到，赞比亚许多已婚男性有婚外情。在外面有女朋友也很平常。即便是著名的政治家、官僚和商人，他们也如此。更不用说，那些在复杂的城市环境，生活比较富裕的男同胞们。因为性伴侣过多（从赞比亚和整个非洲来看，几乎所有的艾滋病都是因为异性性交传染的），艾

滋病像野火一样蔓延，摧毁了许多如易燃物一样干枯、脆弱的婚姻。当然，这种情况也发生在单身人士身上。两种情况夹击，艾滋病患者的直系亲属和大家庭都会遭殃。事实上，在赞比亚，几乎所有的家庭都被艾滋病染指。

假如一个男人从外面的女人感染了艾滋病毒，那么他自己在出现艾滋病症状之前，极其有可能将病毒传染给自己的妻子。妻子几乎不可能拒绝丈夫的性挑逗（如前文所提）。因此，可悲而讽刺的是，即便妻子知道自己的丈夫流连烟花之地，她也无能为力，也不能提出离婚。离婚不是大多数女性的选择。就算她选择离婚，那也太晚了，因为从感染病毒到出现艾滋病症状需要将近六到十年。简而言之，这就相当于一个复杂的"性俄罗斯轮盘赌游戏"①，结局总是很惨烈。

本巴有一种传统习俗，叫做"洁净"（cleansing）或者乌库偏尼卡（ukupianika）。赞比亚农村地区现仍然保留着该传统。兰巴族（Lamba）也有这种习俗。该传统习俗助长艾滋病毒/艾滋病肆虐，导致恶性循环更剧烈。死了丈夫的寡妇，要被丈夫的男性亲戚"洁净"，这个"任务"一般由头领来完成（孩子夭折的时候也有可能举行这个仪式）。因为结婚对女性而言不仅仅嫁给丈夫个人，还嫁给了丈夫的家族、氏族和部落。丈夫去世，她也不可能回到自己原来的家族，而是留在已故丈夫的村子里。通常情况下，由他丈夫最亲近的男性亲属，

---

① 俄罗斯轮盘赌（Russian roulette），一种残忍的赌博游戏。左轮手枪装一发子弹，游戏参与者转子弹轮盘，对准自己头部扣扳机。最后活下来为胜。

哥哥或者弟弟来接管，照顾她并且把她的孩子视如己出。在前殖民时期，即基督教传入以前，总是会有这样的情况：昔日的弟妹或嫂子成了自己的另一个老婆。如今，这一情况仍然在一些地区存在，寡妇们和在世的男性亲属发生性关系。

支持这一传统习俗的人辩解道：该传统可以预防女人们将来性生活混乱，从而让死者安心。如第二章所述，他们很重视灵魂，并且该传统延续至今。他们还相信如果死者的妻子被抛弃了，那么整个家族将会被惩罚。因此"洁净"在某些方面反映了部落强大的凝聚力和归属力。另一方面，也说明妇女始终处于从属地位。即使最易受伤害的寡妇也没有能力支配自己的身体。该仪式，不仅是对女性的歧视。而且，在艾滋病病毒和艾滋病肆虐的时代，"洁净"这种仪式很明显也成为滋生死亡的温床。首先，执行"洁净"仪式的男人自身带有艾滋病病毒。族长选同一个男性完成此仪式的情况并不多见，而且他自己很有可能有艾滋病。其次，寡妇的丈夫可能死于艾滋病并发症。因此会威胁到执行"洁净"的人和他的妻子以及家庭的安全。

不仅外国援助人员和艾滋病活动者们谴责这种做法，赞比亚人自己也谴责该做法。每一位 NGO 工作人员都是卫生专业工作者。1999 年，艾滋病国际会议在卢萨卡举行。前卫生部长恩坎杜·卢奥（Nkandu Luo）教授①在该会议上痛斥"洁净"习俗，和非洲艾滋病的性传播。卫生保健工作者和其他

① 译者注：恩坎杜·卢奥（Nkandu Luo），2011 届赞比亚政府的酋长与传统事务部长。

人在一些族群的工作有所成就。尤其是在汤加和蒙日
（Monge）：近几年，该地区的首领们已经被说服，改变了当地
习俗。改用一种纯象征性的方法进行"洁净"仪式和遗孀
"继承"，以避免性交。事实上，就赞比亚目前的情况而言，
这才体现对生者及死者更好的尊重。

家 庭

　　尽管以上很明显是以一种负面口吻进行讨论的。必须要承
认，在讨论性别歧视、离婚和艾滋病毒/艾滋病这些问题时，
你不可能以积极的口气论述。然而，我们可以以积极的口吻讨
论赞比亚的家庭生活，并以此来为本章收尾。事实上，即便有
上述问题的困扰，赞比亚家庭的重要性仍然值得一提。

　　在赞比亚和非洲大部分地区，"家庭"二字所指的意义范
围很大。他们对"家庭主要由父亲、母亲和孩子组成"这样
的概念很陌生。他们的家庭指的是大家庭：祖父母、阿姨、叔
叔和表兄弟，所有的近血亲和远血亲都在这个大的家庭里。而
且所有的大家庭成员在孩子的生活中都扮演重要的角色。大多
数赞比亚语言中甚至都没有叔叔和父亲，姑姑和母亲，表兄和
兄弟姐妹的区别。

　　在农村地区和更传统保守的地方，这种泛化的家庭更容易
维护，而且，甚至有的村庄或居住区就是一个大家庭。借用一
句谚语"举全村之力抚养一个孩子"。听起来有些老土，但是
族群在抚养和教育孩子方面发挥很大的作用，而且可以集中资
源。共享责任意味着，正如前面所讨论的，女人们从来不会真

正的守寡，孩子们也不会成为孤儿，因为他们是泛化的大家庭中的一员。因为艾滋病毒和艾滋病疯狂的传播，照顾父母病死的孩子变得异常艰难。而且，可以肯定的是，艾滋病已经威胁这种家庭结构。如今如此多的真正意义上的孤儿就是实证。然而，你仍然能在一贫如洗的家庭里看到非凡的善举。他们会照顾自己的和他们大家庭的孩子，甚至是相当远的远亲的孩子。

即便没有艾滋病毒或者艾滋病；在当代城市里，与传统的紧密相扣的家庭结构仍然面临挑战。很明显，除了极少数，几乎没有家庭买得起大房子，大得能容下整个大家庭。如果有亲戚住在附近，他们会定期举行活动，重返传统角色、维护传统规范和语言。相反，如果直系亲属住在卢萨卡或恩多拉市，而大家庭其他成员在孟古（Mongu）或者奇帕卡（Chipata）或者卡萨马（Kasama）。那么大家庭的价值体系对孩子和成人的影响已经潜在地被破坏了，无法在孩子身份认同和成年价值观确立方面起到作用。因此，他们鼓励城里的亲戚尽量多回家走动，努力维护这一关系。

7. 社会习俗和生活方式

19 世纪末，欧洲人开始定居于赞比亚。随之而来的基督教和殖民主义共同影响了当地生活。当地传统仪式和文化习俗受到压制，有的被直接禁止。因为欧洲人错误地认为，这些传统仪式和文化习俗不是异教就是基督教的威胁，或者是对基督教有威胁的异教。同时，由于殖民地经济的发展需要，许多人从农村迁往城镇。这些城镇是新的多语种城市（polyglots）的一部分。城镇居民失去特定的社会文化环境，许多传统习俗无法进行（即失去与传统习俗连接的社会文化纽带）。因此，截止 20 世纪 50 年代中期，许多历史悠久的社会习俗和传统已经发生改变或者完全消失了。

半个多世纪后，赞比亚被置于纷繁复杂的全球化之中。西方对赞比亚的影响尤其明显，甚至占主导地位，无论是在食品、服装、音乐、住房、性别关系、或宗教都有影响。正如本书其他章节所证明的那样。当然，早在独立之前，这些新的文化规范和个体行为模式已经出现。只是随着广播、手机、微信、电视、网络等新媒体的迅猛发展，还有 20 世纪 90 年代人权和商业等自由运动的开展，赞比亚社会文化的变化节奏无疑日益加快。在许多方面，环境的动态变化是一把双刃剑。一方面，提供了巨大的机会，尤其是给个人提供了许多机遇；然而，另一方面，也将赞比亚的许多传统置于威胁之中。事实上，西方文化扩张的破坏力非常大，显然已经威胁到赞比亚社会习俗中有裨益的那一部分和神秘的那一部分。西方文化不仅影响了"人们饮食"等相对日常的方面，还影响了赞比亚社会结构的根基"长者至上"制度（即以年龄为衡量标准的社会地位系统），影响到象征社会身份的"成人礼"（成人礼的举行就象征着个体的成熟，获得成年人的身份）和婚姻仪式等等。事实上，这些习俗正是赞比亚的身份象征和其独特性的表现。

110

因此，在现代，当今大城市的生活方式——无论如何，富裕很重要但不是必须的——破坏了传统的社会习俗，至少从殖民时期开始已经被侵蚀。同时，绝大多数赞比亚人的生活方式仍然同几十年前一样，甚至在很多方面，变得更糟。20 世纪60 年代，即国家独立前夕，赞比亚是非洲最富裕的崛起的后殖民国家。受贫穷、艾滋病毒/艾滋病、政治活动和糟糕的政策选择的影响，赞比亚的穷人更关心生存的直接需求，而不是保护传统仪式和社会习俗。

目前形式对赞比亚很不利，它正面临双重压力——全球化和国内发展举步维艰——或者正因为如此——许多赞比亚人，无论是在城市的还是农村的，企图在传统中寻求慰藉和发展经济的机会。因此，许多赞比亚的社会习俗和传统展现出惊人的弹性（如果不是扩张性的）。赞比亚社会出现一个很明显的趋势：各少数民族开始用新的方式表现自己的社会风俗。实际上这种情况早在 20 世纪 70 年代小规模出现过。大多数人不希望看到这些传统消失。事实上，许多人都认为拥护传统帮助赞比亚人在动荡时期保持稳定。尽管贫困猖獗，艾滋病毒/艾滋病肆虐，人们的生活方式不断改变，他们仍试图连接过去。因为，过去代表稳定和身份认同。

而且，显然有一部分企业家已经开始给古老的习俗和庆典活动注入新的元素。由于网络发达，旅游导览宣传和更便捷的交通（如出现了大量的私人小飞机和特许的航线），更多的游客来到赞比亚，参与传统活动。有些活动在古代甚至连自己本族人都不能参加，就算参加也要受到限制的。因此，许多传统庆典和节日如今不仅仅是国家性的，而且还是国际性的。许多旅游公司和当地少数民族群落也发现了其中的文化卖点。当一个族群成功地运营了这种模式，也刺激其他族群争相模仿。因此，截至 2002 年，所谓的有关民族迁移和民族征服的传统仪式、祭祖仪式，等等，赞比亚有 20，也许多达 57 个。而且，其数量正逐年增加。"①

由于市场刺激，这些传统得以向外界展示——游客不仅仅来自外国，还有其他赞比亚人。他们也会邀请其他少数民族群落的政治家——帮助营造跨文化景观，促进社区之间的沟通。事实上，大约五百年前或更近，赞比亚许多族群的起源相同，许多民族共享一个先祖。因此当代许多民俗活动反应的都是相似的传统文化。本章先介绍范围广泛和日益大众的文化庆祝活动，之后会介绍更具体的仪式，比如女性的成人礼（female

① 据赞比亚社区发展局报道，戈登：《文化政治的传统仪式》，第 64 页。

initiation），男性割礼仪式（male circumcision）和葬礼等。过去，这些仪式只允许家庭成员或氏族成员参与。

传统民族仪式及其起源[①]

阔姆博卡（Kuomboka）

赞比亚最著名的传统仪式是阔姆博卡，有 300 多年的历史。它每年吸引了成百上千的游客。阔姆博卡，在洛奇语的意思是"向陆地迁移"（to move to dry ground）。洛奇国王利通加每年都会迁移一次，纪念洛奇人在 18 世纪早期脱离刚果隆达帝国定居赞比亚西部。他们定居在赞比西河上游的冲积平原上，第一任利通加（Litunga）在此地建立了根据地。但是，每年都会有三个月左右的时间，也就是雨季临近结束时，平原就会被洪水淹没。

赞比亚一位重要的学者描述洛奇人与他们的家园和他们传统的关系：

> 对赞比亚人的塑造影响最大的就是赞比西河上游的泛滥平原。这片肥沃的土地极度封闭，四周被西赞比亚的贫瘠之壤裹挟。旱季，河水水位很低，平原上水草丰茂，畜牧昌盛，相对肥沃的冲积土壤可以用来种植农作物；沿着

---

① 备注：与少数民族的名字一样，这些仪式也有各种各样的拼写方式，取决于当时的转录者。

平原边缘也分布着块块块富饶的土地。因此部分平原一直有非常密集而稳定的居民点，与周边森林零星分散的人口分布形成鲜明对比。平原上，人民的生活年复一年地重复。每年洪水到来，雨季末水位上升时，各个居民区就成了一个个孤岛。①

因此，每年二月底或三月初，洛奇人民会带上他们的全部家当，加入国王的迁移队伍。国王会从他在孟古（Mongu）附近的冬季住所勒路易（Lealui）迁移到没有洪水的里慕伦噶（Limulunga）。到时，会有一支规模巨大的船队：成百上千的船只和独木舟与利通加随行，号角嘹亮，鼓声喧天。随行的还有侍从、皮划艇和鼓手，利通加则在他的驳船里。下游的庆祝活动叫纳丽万达（Nalikwanda），要 6 个小时才能完成。纳丽万达是由一组大约 30 个或大于 30 个身穿传统服饰的皮划艇运动员组成。而利通加可能穿着与此场景极不协调的服装。由此，也展示了他自古以来的威严，从中感受到西方文化的影响。

殖民统治前期，洛奇王国（Lozi Kingdom）的政权十分高效且高度集中，分管于北罗得西亚②（Northern Rhodesia）。洛奇王国在殖民时期，名叫巴洛特斯兰德（Baroteseland）。英国与里屯嘎莱瓦尼卡（Litunga Lewanika）签订了协议，将洛奇的宗主权给了他们。而且，为了纪念这一协议的签订，1902

---

① 罗伯茨：《本巴历史》，第 210～211 页。

② 译者注：罗得西亚（Rhodesia），津巴布韦旧称。

年，他们代表英国维多利亚女王送了一件英国海军上将制服。一个多世纪以来，每一位继任的里屯嘎（Litunga），到达里米伦嘎（Limilunga）时都会穿着那件制服的复制品。旅程结束时，人们唱着传统的歌谣，跳着传统舞蹈来庆祝。该仪式会持续几天，给洛奇长老们充足的时间去到那里，向国王表达敬意。如今，里屯嘎的政治权利很有限，赞比亚其他族群统治者的权利也是。但他在部落事务处理中仍然发挥主导作用。在国家层面上，里屯嘎的身份很显耀，代表整个洛奇族人民。

姆图博孔①

乌姆图博孔（Umutomboko），简称姆图博孔（Mutomboko），意思是"过河"。卢阿普拉省（Luapula Province）的隆达人（Londa）会举行为期两天的庆祝活动。几乎所有隆达人的起源都能追溯到隆达国王姆旺特·雅姆沃（Mwata Yamvo）。隆达国在现今刚果民主共和国境内。18世纪初，大约1740年前后，现居赞比亚的隆达人在姆旺特·卡赞贝（Mwat Kazembe）的领导下从刚果迁移至赞比亚。卡赞贝向东迁至现今赞比亚，击败了布韦乐人（Bwile）和释拉人（Shila）和其他居住在姆韦鲁湖（Lake Mweru）附近的民族，建立了新王国的都城。部落传说，每次隆达人成功征服一个新的民族，他们就会在姆图博孔上庆祝。

凡是隆达国国王的继任者，都会授予卡赞贝（Kazembe）的荣誉称号。历代国王都会如此，父亲传给儿子。姆图博孔由

---

① 本节中大量运用了戈登的分析，《文化政治的传统仪式》。

卡赞贝主持，每年一次。该仪式是为了庆祝他们那年的七月份，从刚果民主共和国迁移到赞比亚；为了纪念他们的胜利之师姆旺特·卡赞贝。他们会在一个名叫姆旺萨伯韦（Mwansabombwe）的村庄里举办庆典活动，活动内容有：击鼓表演、舞蹈、演讲、演出，还有献礼仪式，即妇女们用啤酒和食物向首领致敬。活动的闭幕式在卡赞贝宫殿附近的舞台举行，表演乌姆图博孔或者"征服主题的宫廷舞蹈"。与本巴相比，隆达是一个非常有凝聚力的民族。殖民主义的到来，铜矿的开采，劳动力的迁徙对隆达族并没有太大的影响。如此一来，就能解释隆达族的传统为什么能够安然度过殖民时期，延续至今。

113   乌库塞弗雅·帕·昂韦纳

有意思的是，虽然本巴是赞比亚规模最大的民族，但是他们已经失去了许多本民族的传统。而洛奇、古尼（Ngoni）和隆达这些小民族的传统却保留得很好。原因有三：首先，铜矿开采的主要劳动力都是本巴人。人口的迁移导致北部省份的族群被打散，割断了人们与传统习俗之间的纽带。其次，在国家独立时期，许多本巴人成为了政府公务员，成为了卢萨卡和铜矿带的小企业职工，他们在实际距离上和象征意义上都离传统更远了。最后，本巴族人的一切文化庆祝活动尤其受打压。不仅被殖民政府打压，而且还被总统肯尼思·卡翁达打压。虽然卡翁达（Kaunda）鼓励各民族举办传统活动，但他并不鼓励本巴人举办民族活动。他把本巴文化的民族主义（Benba cultural nationalism）视为敌对政治运动的基地，是西蒙·瓦

萨·卡普韦普（Simon Mwansa Kapwepwe）的潜藏之地。他是
总统卡翁达昔日的合作伙伴，共同开展独立运动，如今却成了
敌人。此人在 1972 年被逮捕。

虽然本巴没有类似于洛奇人阔姆博卡的文化庆祝活动，但
他们仍然保持着自己独特的文化身份。拥有共同的语言的人，
不一定就有共同的文化特征（曾经从属于本巴族的人也讲本巴
语）。因此，最重要的是他们仍对齐替姆库鲁（Chitimukulu），
即本巴族最高首领，忠心耿耿。因此，无怪乎近年来本巴人开
始和其他民族一样重振他们的文化活动。事实上，上一位西蒙
卡普韦普（Simon Kapwepwe）的女儿，慕棱噶·卡普韦普
（Mulenga Kapwepwe），最近正在积极推进乌库塞弗雅·帕·昂
韦纳的复兴。

库塞弗雅·帕·昂韦纳，也是为了庆祝本巴人从今天的刚
果民主共和国迁移到赞比亚。该活动同邻近民族的迁移庆祝
活动类似。库塞弗雅·帕·昂韦纳的意思是"庆祝鳄鱼的土
地"（celebrating a crocodile's land）。鳄鱼是本巴族一个重要的
图腾。传说，在 17 世纪早期，开国领袖齐替姆库鲁帕
（Chitimukulumpe）死后，一头鳄鱼也死在本巴人最初定居赞
比亚的地方。历史记载并不准确，然而有学者认为：本巴人的
迁移可能只是在一段时期内发生的一小部分人身上。因此在库
塞弗雅·帕·昂韦纳（Ukusefya pa ng'wena）活动中，交错
的河流交织为一股的概念更有可能是本巴人自己的神话创作而
不是历史事实。实际上"卢阿普拉（Luapula）河的交错"代
表该民族人民从神话式的原始简单生活过渡到实际经验世界

中。该河是未知（过去）和已知的临界处。①

本巴族也和同其他民族一样，想要通过复兴文化庆祝活动，展现当代民族身份，继承民族传统，库塞弗雅·帕·昂韦纳也希望能够引起外界关注。实际上，仪式的名字先前叫乌卡旺嘎·帕·尼韦嘎，后来因为其他民族用了乌卡旺嘎，所以改了名字。因此库塞弗雅·帕·昂韦纳和与类似的仪式有双重作用：一个是商业前景，另一个是吸引国内外游客。从文化推广角度来讲，举办传统文化是个重要且必要的途径。的确，现在的赞比亚国家旅游局列出所有赞比亚的主要文化仪式都遵循赞比亚旅游度假市场规律。

其他民族

如前所述，几乎所有赞比亚民族都有一个神话式的起源，而且在他们自古以来都会庆祝其民族的起源。比如，西北部省份的路瓦勒族（luvale）。他们会庆祝一个叫做里库姆比·丽亚·麦斯（Likumbi Lya Mize）的节日，或者叫作"麦斯之日"，用来庆祝卢瓦勒（Luvale）人的古老都城麦斯。这一节日在每年7月或8月举行，持续数天。里库姆比·丽亚·麦斯（Likumbi Lya Mize）中最有特色的是：著名的玛克士（Makishi）舞者：一群年轻男性，戴着精美的面具。这些面具的名字都一样，代表卢瓦勒（Luvale）神话传说中的主要人物。玛克士（Makishi）舞者也会在慕坎达（Mukanda），即男性割礼仪式上表演，此处稍后详述。乔克维（Chokwe）族有

---

① 罗伯茨：《本巴历史》，第210~211页。

类似的传统。

东部省份的古尼人（Ngoni），每年会举办尼克·瓦拉 115
（Nc'wa），即最早丰收水果庆典（first fruits ceremony）。时间
是 2 月底或 3 月初，它吸引了成千上万的古尼人（Ngoni）和
游客，地点是奇帕塔（Chipata）市附近的村庄弥特古勒尼
（Mutenguleni）。在南部省份，依拉（Ila）每年九月或十月庆
祝史慕纳噶（Shimunenga）。该活动会举行三天。依拉人赶着
牛群度过喀辅埃（Kafue）河，象征性的重复依拉历史上的重
要时刻。依拉族一位很重要的领袖，史慕纳噶（Shimunenga）
和他的兄弟决裂，建立了自己独立的家族。史慕纳噶
（Shimunenga）在依拉传说中，是一位有神力的人，可以赐福
农作物和牲畜，并供养人民。史慕纳噶（Shimunenga）同其他
节日一样，有许多娱乐活动：跳舞、唱歌、饮酒——共同表达
对历史的敬意。还有，甚至连人数只有 25 万的小民族，雷杰
族（Lenje），每年都有传统活动。他们许多人现在仍然居住在
中部省份。在库拉巴·库布瓦罗（Kulamba Kubwalo）活动
中，雷杰人（Lenje）会向其首领表达敬意，庆祝丰收。

其结果是，如今无论你在赞比亚哪个地方旅游，几乎随时
都能看到传统文化活动。这些幻想出来的古老仪式在赞比亚各
处扩散，被重复创造，不过是一种从众效应。当然，任何一个
少数民族都不愿意承认自己其实对本民族的遗产不敏感或者不
感兴趣。然而，对于更小的民族而言，为了生存，必须促进文
化意识觉醒。这些民族的人数很少，民族和语言真的面临灭绝
的威胁。

成人礼

年轻男性的仪式

在赞比亚各处，为女孩子举行的成人仪式多种多样。只有极少几个民族为男孩子举行这种仪式。同前文提到的文化活动一样，这些仪式亦来自古代，而且在中非其他地方也有类似的仪式。比如，慕堪达（Mukanda），为即将到年龄的男生举行割礼仪式（历史记载，大概在 12 岁或 13 岁），标志着他们象征性地过渡到成年。居住在西北省的卢瓦勒族（Luvale）人及其相近的卢查齐（Luchazi）和乔克维族（Chokwe）人会举行此种仪式。但是，割礼只是整个仪式的一部分。整个仪式完成需要六到十二个月。慕堪达（Mukanda）还有其他内容，比如教男孩子们在成为男人后如何打理家庭，如何持家。该仪式标志着男孩开始成为男人，也标志着母亲对儿子责任的结束。实际上，"儿子割礼结束，伤口复合后，儿子与母亲之间的联系就会削弱。最终，当受礼人完成整套慕堪达仪式时，母子关系最终就断裂。他们之间也就会有很多限制，比如，不允许在公共场合坐在一起。①

对男孩们和女孩们而言，大多数成人礼的整个过程都非常隐私，禁止外人参与，而且一系列的仪式都很严肃。只有男性可以参加慕堪达（Mukanda）。此外，该仪式和婚姻传统一样，不允许"新人"向族群之外甚至没有经历过这些仪式的人提供更多的细节。

① 约旦：《乔克维族！》，第 82 页。

116

年轻女性的仪式

赞比亚几乎每一个民族都会为适龄女孩举行成人仪式。女孩子初潮时举行，大概在 12 或 13 岁左右，比如恩登布（Ndembu）人举行的成人礼堪堪噶（Kankanga）。该仪式专门涉及到婚姻生活和性技巧。现在，该仪式主要针对年纪更大的女孩和年轻女性。一般而言，女孩子在举行成人礼期间都会被藏起来。在洛奇人的传统中，女孩子要被藏一至三个月（现代，该仪式会选在学校假期举行）。隆达人和卢瓦勒人（Luvale）的成人礼曾一度长达一年。然而，本巴族、昂德族（Kaonde）、切瓦族（Chewa）和姆布卡族（Tumbuka）举行的成人礼，依茨/琪孙谷（the ic［h］sungu）可能只持续三天。在后一种传统中，通常会有母亲挑选的一位或多位女性长辈陪同女孩完成仪式。

即使在当代城市中，有些女性经常参加这种仪式。她们在大社区中小有名气。这些女性通常已经为人母、为人妇，而且是公认的聪明人且受人尊重的女性。许多城市家庭通常把女孩子送回农村。首都的居民经常如此。他们认为这样做很有必要。然而，如果可能，许多家庭更愿意把女孩们送回他们在省城的住房，严格遵循传统。无论种族，这些成人礼都是为了集中将女孩子培养成女人，最终成为妻子和母亲。仪式的参与者全是女性。整个仪式既有快乐的环节也有忍耐力的考验，比如跳舞，通常按照传统，需要袒胸或者人体彩绘舞蹈。

重要的是，在西方社会，父母可以与小孩子们讨论"交往和性"的问题①，而且他们甚至迫不及待同他们讨论。然而，在赞比亚文化里，父母和自己的孩子讨论这一话题不太合适。因此，受礼者同巴娜西布萨（banacimbusa）②，年长者或助产士的相互交流中，总是会涉及到性教育的问题，或者延伸到具体性技巧的指导上。然而，在一些民族中，比如本巴人，会给女孩子们许多忠告，夸大婚前性行为的危险性和不堪的后果（值得注意的是，这些女孩只有 12 或是 13 岁，未婚）。比如，"你会爆炸"，"你妈会死"，还有其他类似的奇奇怪怪的后果，作为警告。

简而言之，性和性事是整个成人礼过程中最核心的内容，而且训练活动主要是为了取悦男性伴侣。值得注意的是，在东部和西部非洲的其他地区和非洲萨赫勒地区会举行女性割礼（即女性生殖器切割，也就是批评家们所说的 FGM③）。但赞比亚文化中没有这种传统。一些民族传统中，比如卢瓦勒族（Luvale）和昂德族（Kaonde），他们会"划开或拉伸外阴唇"。④ 其他的地方，比如在东部省份，人们会教年轻女性通过特殊的练习、使用传统的草药收紧阴道。

在一些民族的传统里，此处列举两个民族，如恩森加族（Nsenga）或恩登布族（Ndembu），结束成人礼后要在族群里

---

① 译者注：birds and the bees，习惯用语，为避免公开谈论性交话题的委婉表达。
② 译者注：本巴语，指陪伴女孩成人礼的年长女性。这些人都经过专门训练，还指导已订婚的夫妻们通过婚礼仪式上一系列的考验。
③ 译者注：FGM，女性生殖器切割手术（female genital mutilation）的缩写。
④ 约旦：《乔克维族!》，第 78 页。

进行展示：在展出仪式上，年轻女孩们要表演舞蹈。这些舞蹈通常有性暗示，暗示着她们的性能力，等等。在当代，这些可以很公开，而不是局限于少数民族社区；许多庆祝活动已经覆盖全国的新闻媒体。

21 世纪初，可以在这些仪式中看到各种矛盾结合体。许多传统主义者，包括政府的著名领导人，呼吁大众拥抱传统，呼吁回到（通常是重新通过想象重回）欧洲殖民前，以此来夺回遗失的文物，阻止被全球化同化。另一方面，不仅许多女权倡议者，就连教会一类的保守机构都批判女孩成人礼这一习俗。尽管出于不同的原因，前者认为该习俗持续造成女性的脆弱并使其处于被剥削状态，而后者则认为该习俗导致滥交，有违道德。这些批评的根基难以成立。当然，在如今艾滋病毒和艾滋病横行的情况下，性解放和性滥交是真正的问题所在，尤其考虑到它对年轻人，特别是女性的影响。然而，因为恐惧，从恩森加人（Nsenga）和其他地方学到的具体性技巧并不会让他们着急去落实新发现的技能。

葬　礼

当代赞比亚的葬礼与西方的葬礼趋同，不同的是赞比亚的葬礼会持续数天。在其他非洲国家，拜访者和亲戚要到死者的家向活着的配偶和家人表示哀悼，并待上一段时间，而不是离开。然而，依照传统，哀悼者要在家里停留一段时间。通常情况下，简单走过场是十分不礼貌的行为。葬礼中，食物是非常重要的一个组成部分。前来哀悼的人是家里的客人。然而，在

118

城市里，因为葬礼上食物丰盛，再加上葬礼通知一般都是口头发出，偶尔会有"蹭饭"的"不速之客"。许多家庭都有过类似的故事：陌生人在葬礼上享用准备好的丰盛食物；只有事后，大家才知道那个人其实与死者及其家属没什么关系。尽管令人不耻，但这种情况时有发生。

人们希望亲密的朋友和亲戚能在屋子里过夜，男人睡外面和女人睡在室内的地板上（老年妇女除外）。只有地方太挤时，才会有住在本地的一些朋友和绝少数亲戚回自家过夜。他们并不会选择某个特殊的时间段才下葬。但是，举行葬礼的家庭一般都会等远亲过来再下葬。葬礼现场是很肃穆的。但是前往墓地的路上却不然。送葬队伍里会有私家车、雇佣的敞篷大卡车和其他车辆或者步行的人，而且总是被歌声打断。他们会留几个女人在家里，给那些从葬礼回来的人准备食物。

在墓地上，传统习俗是给坟墓献上鲜花，追忆逝者。普遍来说，他们会在坟墓上盖上一层混泥土。因为经济困难，许多人前来盗墓。即便这也是严重的文化禁忌。绝望的小偷寻找坟墓里的一切：从死者陪葬的珠宝到埋葬在坟墓里的衣服。在美国，如果一个人负担得起刻墓碑的费用，通常在葬礼后会添加上墓碑。一般来说都是在逝世周年纪念日上添上的。那些住在城市的，相对较富裕的赞比亚人则聘请殡仪馆服务，虽然在偏远地区，根据传统习俗，尸体需要清洁。对大多数赞比亚家庭来说，葬礼并不奢侈，但是相当繁琐、耗时。比如，有的人要穿越整个国家去在世的亲戚家里，要准备大量的食物，而且这些开销都很大。随着当代赞比亚生活许多方面的改变，艾滋病的流行也影响了死亡仪式。在很大程度上，由于疾病，死亡率增加，寿命大幅下降。从 1990 年的 44 岁到如今仅剩 33 岁。显而易见，这就意味着，人们有太多的葬礼要参加，大部分人都无法负担。

国家和宗教节日

　　赞比亚有 12 个国家法定假日，其中有大家熟知的圣诞节、复活节、新年，还有受英国影响的节礼日（Boxing Day）①。赞比亚人也庆祝专属非洲的节日，比如 5 月 25 日的非洲自由日，和赞比亚特有的忌日，如 8 月第一个星期的农人日和 10 月 20 日的赞比亚独立日。尽管圣诞节和复活节是家庭开展庆祝活动的时间，与宗教服务相关，但圣诞节主要是一项社会性活动。当然，圣诞节主要还是基督教团体传递喜悦和轻松，这也许在赞比亚尤其如此。第一，无论有什么计划或者意图，这意味着假期的开始，大约从 12 月中旬开始一直持续四周。在这段时间里，贸易发展大幅放缓，很难看到商人或工人工作。尽管在任何时候，赞比亚政治系统中选民服务很受限制。在假期，政客们同样也受限制。于是，他们要回到原籍所在地。第二，第一次降雨几乎总是随着假期的开始而至。因此，在农村，种子播下后，他们只需要等待雨季的到来。小规模的耕种者和自耕农可以在农作物生长之前得以短暂喘息。

　　国家农业展览每年八月在卢萨卡举行。这不仅仅是一个交

---

① 译者注：节礼日（Boxing Day）为每年的 12 月 26 日，圣诞节次日或是圣诞节后的第一个星期日，是在英联邦部分地区庆祝的节日。

易会，更是一项重要的社会和文化活动。展览会持续好几天。在卢萨卡有广阔的展览馆、建筑区和场地，这些地方在一年其他时间都是闲置的。许多农民、商人、政客、普通市民和他们的家人结伴而来。绝大部分赞比亚人都依赖于农业，无论是国内 400 多家商业化农场还是自耕农都依赖于农业。此前，赞比亚农业绝大部分归小规模经营的农民所有。赞比亚贫困农民的队伍如此庞大，一个农业博览会似乎不太可能吸引大量观众。然而，令人惊讶的是，一年到头，国家农业展览作为一个节日不仅仅吸引了赞比亚和该地区的农民，而且还吸引了许许多多其他的参加者。有游戏、展览和儿童嘉年华游乐场，还有农业示范和奖项、表演、食物，等等。

体育和社会

足球：赞比亚举国着迷

如果要列举赞比亚一项全国性娱乐活动，非足球莫属。除了美国，其他国家都将这一运动称为足球（football）[1]。足球赛事不分等级，从小村庄足球赛到国际赛事，都有。后者有巨大的粉丝团队，赞比亚举国万众一心。当然，在撒哈拉沙漠以南的地区和北非，足球也具有类似的魅力。因为贫困，或者也许正因为此，实际上赞比亚的每一个村庄都有一个脏脏的足球场（即一块固定空地），有两个很凑合的球门夹在两边。事实

---

[1] 译者注：美国称足球为 soccer。

上，足球是一项适合资源匮乏国家的运动：任何贫瘠的地方都可以踢球，踢足球所需要的物质条件很少。如果孩子没有球，他们可以把破布揉紧，把塑料袋，或者任何可以卷成一个球形的东西当成足球。因此，足球这项运动是彻底地平等，绝对一视同仁。虽然，足球很大程度上是男孩和年轻男人的专利，而不是女孩和女人们可以玩的。

从国家层面来说，赞比亚足球协会管理本国不同地区球队之间的竞争，虽然大多数球队不是卢萨卡的就是铜带省的。无论是球队还是当地的或国家级的锦标赛，通常都是由赞比亚当地或者国际公司赞助的。比如莫西杯（赞比亚啤酒）、可口可乐杯，等等；也有国家机关赞助，比如赞比亚空军赞助队、红箭头①。

赞比亚各个年龄阶层的人常年关注的焦点都在赞比亚国家足球队，绰号"铜子弹"（Chipolopolo）。而这也成为社会经济一大热点。"铜子弹"享有国际声誉。许多球员在其他国家的联队踢球，因为待遇更好，比如南非或欧洲。卡卢沙·布瓦利亚先前效力于欧洲的超级联盟，回国后被视为真正的英雄。据国际足协（FIFA），国际上，赞比亚球队在世界排名居中。2001年，赞比亚国家足球队在世界上位列六十三，然而在2005年，他们在世界上位列66。

近年来，"铜子弹"在两年一次非洲杯中的成绩并不理想，然而，球队确实在1992年夺得亚军，在1996年夺了季

① 译者注：红箭头，英国皇家空军"红箭"，当今世界上最享盛名的特技飞行表演队之一。

军，而且在 1994 年还进入了十六强。它也没有世界杯的参赛资格。但是，球队的表现并没有影响赞比亚公民对球员和足球运动的热情。

1993 年 4 月，赞比亚整个足球队队员身亡。他们乘坐的前去参加世界杯预选赛的飞机失事，坠落加蓬海岸。无一幸存；18 名球员全部丧生。国家队一共 19 名队员，飞机上就有18 名，飞机上还有教练和其他 10 名乘客和工作人员。那辆军用运输机飞往塞内加尔的首都达喀尔。它在加蓬的利伯维尔暂停加油后不久坠毁。据媒体报道该事故，该飞机离开卢萨卡前就已经有机械故障。事实上，这架飞机已经有将近一年没有使用。那时，却被强行派出为国家队服务。据报道，飞机一个引擎点火失败后，疲劳的驾驶员无意中关错了引擎。飞机一头扎进据大西洋海岸不到一英里的深海。

虽然官方解释这一事件是机械故障和飞行员过失共同造成的。但该事件掀起了轩然大波，赞比亚人万分悲痛，同时也出现大量的谣言和阴谋论。其中有一种观点非常突出：万众瞩目的赞比亚球队是被人击落的，以防止他们挺进世界杯，赢得非洲杯。许多人很好奇为什么队长卡路士亚·波瓦亚（Kalushya Bwalya）没有在飞机上（他当时在荷兰专业队踢球，计划去塞内加尔见他的队友）。举国哀悼了一段时间。但是，人们还是有许多疑问，关于该事故的真相，关于这一悲剧的涉及范围，没有人满意官方回应。① 此外，球员的家属抱怨：政府没有完全支付损失赔偿，而且几内亚政府的调查也掩盖了所有的

① 详见 "ASN 飞机事故详述。"

失误。

赞比亚迅速凑了一支新球队参加 1994 年的世界杯预选赛，可惜在卡萨布兰卡败给了摩洛哥。几个月后，赞比亚球队参加了非洲杯决赛。可惜，以微小的差距输给了尼日利亚。尽管临时替代球队没法发挥实力。他们仍然是比赛的宠儿，新的球员在赞比亚赢得国家英雄的荣誉。

其他体育项目

在赞比亚，无论是省级的还是国家级的竞技类体育，其管理都惊人的好。不同的联合会管理不同的运动赛事。对所有参与方来说，无论是队伍本身，还是对国家锦标赛和参加国际锦标赛而言，资金永远都是一个难题。而且，经营和赞助也是个难题。这就迫切地要求竞技类体育能发挥它的作用。对足球以外的其他体育赛事而言，资金支持就更加困难了。而且全国球迷的热情已经远远没有以前那么大了。

运动员的培养也成为一个难题。因为在赞比亚，能够从小参加多种体育运动的机会很少，而且受限于时间、贫穷和匮乏的基础设施。此外，除了足球，赞比亚还出口许多运动天才；许多运动员最终在其他国家成为职业或半职业运动员。尽管如此，赞比亚本国仍然有众多队伍和各种各样的体育联赛，包括田径、拳击、篮球、橄榄球和棒球，不仅有女子队也有男子队。所有这些运动在国际上参与竞赛，特别是在非洲南部和东部地区。赞比亚也派运动队伍参加奥运会，这是另一种娱乐方式和民族自豪感的来源。例如，田径明星塞缪尔·玛特特（Samuel Matete）在 1996 年乔治亚州亚特兰大运动会上，夺得男子四百米跨栏银牌。这是赞比亚在奥林匹克运动会上的最高殊荣。1984 年夏季奥林匹克运动会开始前，赞比亚还一度宣称基思·姆维拉（Keith Mwila）能够夺得金牌，虽然最后他获得了铜牌。重要的是，近年来赞比亚对其他不同体育赛事的兴趣逐渐增加，技能也得到提升。而且，从 2000 年奥林匹克运动会开始，男性增加拳击项目，女性增加了田径项目（还有足球，如果他们有参赛资格的话），赞比亚也在培养他们的游泳队伍。

　　然而经营一支竞技类运动队伍不论是职业的还是半职业的，都非常昂贵。而且资助一项联赛的资金门槛太高。赞比亚其他体育运动的条件就更有限了。足球、田径、甚至拳击等运动都是平等民主的。虽然没有明确禁止个人参与这种运动，而训练需要特定时间和付出。然而其他体育活动的运动员很明显面临硬件设施、培训设备等各种限制。因此，参加费用高的复杂运动的运动员们大部分都来自社会经济地位更高的阶层，就一点都不稀奇。而大部分赞比亚人没有选择，只能玩足球。其中，高尔夫尤为显著——高尔夫运动很明显是殖民时期遗存下来的。但是，参与这项运动的人越来越多，如商人、政治家和外籍人士。除此之外，还有网球、壁球、板球和竞技类游泳。因为当地缺乏规模相当的游泳池，所以游泳也成了贵族运动。

社会活动和夜生活

　　赞比亚有无数酒吧、餐厅和俱乐部。在每一个省，实际上是在每一个直辖市，酒吧遍地。有豪华私人俱乐部和高档服务的国际酒吧，也有啤酒酒吧，无牌照的、不受监管的啤酒大厅，还有面积狭小、设施简陋到只有几张高脚凳和塑料凳子的酒吧。这些场所的共同点是有音乐和舞蹈。同样，餐厅也有不同级别的。有供商人和政客出入的豪华酒店，也有只剩一个点餐窗口的外带店。任何一个级别的消费场所都挤满了各自的消费群体，而且很受欢迎。

赞比亚的音乐酒吧，可以录制音乐，有现场音乐表演，充满活力。在人气最旺的聚会场所，老顾客们肩并肩在靠近吧台的地方，或者像往常一样站在舞池里。DJ 手们放着美国嘻哈乐，欧洲电子乐，赞比亚和其他非洲的节奏感强的音乐，声音很大，震耳欲聋。现场演奏的音乐家们主要是赞比亚的艺术家，也有从刚果或者其他地方来的艺术家，他们在俱乐部或者音乐厅演奏，比如卢萨卡颇受欢迎的俱乐部"麦克洗车"（Mike's Car Wash）。来这里的人，大多数都是年轻人，中上阶层的黑人赞比亚人绝对占优势，还有一些收入相对较高的亚洲人和一些外籍常客。但这些场所普遍鱼龙混杂。此外，在俱乐部里不难发现中年和老年男人。他们跟一群年轻人挤在一起。尽管许多都已结婚，但在此地看到他们找年轻姑娘也不足为奇。相反，因为文化耻辱观念，任何年龄阶段的女性都不会单独去俱乐部。但是，一个女人可以和男性或女性朋友一起去。如前一章所述，已婚女性，尤其是已为人母的，不会出现在酒吧或者迪厅。这是赞比亚另一个性别不平等的例证。

俱乐部现象中有一点很有意思：尽管它富有活力，但也体现赞比亚人喜好变化无常的本性。比如在 20 世纪 90 年代，涌现出一波新的俱乐部，名叫"月亮城""黑色天鹅绒""世界主义""希腊人佐巴"等。但这批俱乐部以惊人的速度出现，又消失了。这已经成为一种规律。在卢萨卡，尤其如此。一家新的俱乐部，几乎是刚开张就关门了。仿佛昨天的热情劲还在，今天这股热情顺带就把门关了。这种模式似乎年年都在继续。这些俱乐部和迪厅通常是同一个人的。他们能迅速应对顾客们变化无常的口味，周期性地建造新的俱乐部。因为他们清楚地意识到：在这个国家，俱乐部的热度太容易消散。

分清城市俱乐部和农村俱乐部的差别很重要。同样，分清那些迎合少数富人的俱乐部和穷人俱乐部也很重要。当然，去穷人俱乐部的人没有那些常去上文提到的娱乐场所的人富裕。赞比亚城市的夜生活非常繁荣，甚至在 20 世纪 90 年代经济大萧条时还很有活力。农村地区基本没有夜生活。由于资金限制，电力的供应不稳定和农村劳作节奏（比如农业劳动生产规律、农村生活作息和农业劳作需要早起），农村的生活方式截然不同。因此，当城市里年轻的居民可以享受 21 世纪派对上的种种时，与他们同龄的农村孩子却过着与老几代无多大差别的生活。如果可以饮酒，可能就是自家酿的"摇摇"或莫西啤酒。赞比亚偏远地区的娱乐和夜生活可能就是简简单单地听听电台、讲讲故事。

8. 音乐和舞蹈

　　赞比亚的表演艺术，尤其是音乐和舞蹈，同该国其他形式的文化风俗一样，受传统与外界共同影响。至少从1964年独立开始，赞比亚的表演艺术就已经出现一定程度的流变。因此，赞比亚的音乐非常多样。然而，却没有一种能为今人接受、熟知的音乐形式，也没有一种形式拥有深刻的历史根源。尽管如此，更为重要的是要明白：虽然赞比亚音乐和舞蹈的前身比较模糊，但它显然是传统与现代、当代的结合。即便顾虑此种因素，本章还是将音乐和舞蹈按形式划分，区分其中与特定文化传统相关的一些变体。赞比亚音乐和舞蹈中，有许多形式有着深厚的历史渊源；也有很多当代的艺术形式与特定的仪式或文化传统毫无关系，单纯为了娱乐。前者当然反映了它们不同时期的历史渊源，是非西方的，演奏的乐器和伴奏明显是"去技术化"（即，无科技）的，然而后者音乐舞蹈的表演和录制则融入了更复杂的科技。

　　当然，赞比亚的音乐和舞蹈与其栖息的多元文化一样古老，比如历史悠久的赞比亚鼓。笔者在第二章中也提到过：他们的歌唱与舞蹈表演是为宗教服务的，无论是基督教还是非基督教。同样，舞蹈的出现主要为了文化庆祝仪式和开幕活动。尽管如此，在欧洲人到来前，赞比亚人民的歌舞表演主要还是为了娱乐。第七章中已经提到，许多这样的传统表演日益衰落。因为殖民时期，殖民者认为这些歌舞表演都是落后的、野蛮的甚至邪恶的，会威胁到殖民统治，或者仅仅因为他们难以理解这些表演形式。但是，国家独立后，许多音乐舞蹈形式都已经恢复。而且，在某种情况下，20世纪90年代，赞比亚音乐舞蹈复苏和改造的进程加快。一定程度上，这一举措让现代赞比亚人与他们的古老遗产，或者说他们所认为的遗产紧密地联系在一起。另一方面，因为传统的歌舞确实有娱乐作用。越来越多的游客去赞比亚，给赞比亚的民族带来新的发展机会。他们大力推介所谓的正宗非洲部落舞蹈，增加旅游收入。

当代音乐和舞蹈也蓬勃发展。赞比亚的表演家们，尤其是那些推崇新新音乐的年轻人们，创造并接纳新的风格。在某种程度上，赞比亚当代音乐和舞蹈显然是受到了传统的影响。比如，其中有许多舞蹈是女孩成人礼中必须要学习的一部分。这当然会影响到她们的节奏感。更小程度上，传统乐器的使用也影响了当代的音乐舞蹈，比如鼓、拇指或手指钢琴，还有一种类似于木琴的乐器，斯丽姆巴（silimba）。这些乐器在殖民前就有了。然而，要计算清楚到底有多少传统融入现代几乎是没有可能的。而且，要弄清楚，赞比亚文化哪一个独特的部分与当代音乐舞蹈有历史渊源也同样很困难。

这与其他一些知名的音乐流派大不相同。尽管他们的渊源多种多样（包括起源于非洲其他地方的），然而一些为人熟知

的音乐流派，比如索卡斯（soukou）①、桑巴（samba）② 和爵
士都在很大程度上根植于特定的传统文化。他们从这里汲取营
养，出名。刚果人、巴西人和非洲裔美国人就是这样的。相比
之下，虽然赞比亚当代音乐都是用方言演唱，但没有独特的声
音节奏。舞蹈也不特别，不具有明显的赞比亚特征，不能一眼
识别。

127

传统的音乐舞蹈形式

前面章节中描述过的所有仪式中，无论是成人礼，婚姻，
还是其他活动，都有音乐表演。在大多数仪式中，鼓乐是必须
要有的。许多时候，活动参与者和观众一起演奏其他乐器、唱
歌的情况也很常见。此外，许多庆祝活动和传统仪式中都安排
有舞蹈表演。例如，传统的蒙面玛克士（Makishi）代表卢瓦
勒族（Luvale）神话中的人物。这些复杂的舞蹈在慕坎达族
（Mukanda）的割礼仪式上还有指导意义。简而言之，这些唱
歌跳舞活动都是古老习俗的一部分。虽然其中某些歌舞，或者
歌舞的某些方面，是隐私的，但每个人都是可以参与的。其他
的，比如姆布卡族（Tumbuka）的曼干达（mganda）舞。该
舞蹈对外开放，纯粹是为了让活动参与者和观众一起娱乐
开心。

---

① 译者注：索卡斯（soukou），一种中非舞曲，糅和拉丁美洲音乐节奏的
成分。
② 译者注：桑巴（samba），一种源自非洲的巴西舞。

尼尤社团

尼尤（Nyau）秘密社团是切瓦族（Chewa）的一项传统活动。切瓦族（Chewa）人居住在东部省份，再远一点就是邻近的马拉维。今年，许多坤达（Kunda）和恩森加（Nsenga）民族的年轻人也参加了这个团体。尼尤有宗教的起源，它的主要功能是向祖先灵魂表达敬畏之情。他们会把祖先的形象描绘在他们戴的面具上，当作祖先的灵魂。尼尤所有的男性成员在表演过程中都会戴上面具。历史上，这种仪式一般出现在葬礼或者女孩们的成人礼仪式上。男孩们从十几岁就开始加入尼尤团体。新手们要学习和培养的技能有：建造小屋、做面具、生存技能，还要学习表演相关内容，如舞蹈、敲鼓、哑剧。尼尤仪式上要穿的服装很繁复，每个人还要戴上面具。戴上面具后，所有人的身份都无法辨认出来。但是村民们都知道谁是尼尤的成员。

历史上，这些舞蹈都是秘密进行的。若有人闯入，那么闯入者就要受皮肉之刑，被威胁。虽然如此，当地的村民也要偷看，因为这些舞蹈都如此非凡和神秘。每个舞者扮演的人物角色不同，如老人、妇女、战士等。这些人物都有一定的象征意义，可以是有暗示性的，或者威胁性的。歌曲的歌词围绕着尼尤舞蹈表现的形象和重大意义而作。

和赞比亚人民其他无数的习俗与传统一样，尼尤舞蹈在殖民主义时期也被抑制。该舞蹈利用用骇人的面具；用恐吓外来人武力威胁来反对入侵者偷窥；还有舞蹈与祭祀祖先灵魂相关。这些都让殖民政府认为尼尤是黑魔法和反基督教行为的根源。然而，从 20 世纪 50 年代开始，尼尤舞蹈逐渐恢复。而且在 20 世纪 60 年代，国家逐渐独立时，政府鼓励该舞蹈的发展。然而，复兴后的尼尤仪式很大程度上去除了暴力威胁，不反对任何敢窥视和不知情的外人。这一改变部分源自卡翁达政府的鼓励。实际上，尼尤在全国文化博览会上也有表演，有许多人来参观。这是一种文化表演，虽然肯定没有脱离切瓦族（Chewa）的传统根基，但也相当程度受到重商主义的影响。

曼干达

129

曼干达（mganda）舞蹈彻头彻尾是现代发明，开始于第二次世界大战后，而不是起源于某个无法确定的原始过去。曼干达，是相对晚近的传统，就是为了娱乐。姆布卡族（Tumbuka）的男人们被英国军队征兵入伍，战争结束后，回到自己的土地上，曼干达也由此产生。[1] 这些男人们接受了严格的军事训练，学会了军队行军。之后，融合军队所学，将其形式非洲化，展现给姆布卡。其中保留的军队形式表现在：舞者列成一队。干达（ganda）在姆布卡人的方言中意思是"像士兵一样行军"。

曼干达通常是男性，而且是年轻男性的表演项目。时间是五月和十一月间，即大丰收后，雨季和播种新农作物之前。每年这个时候，该民族人民相对空闲，可以开展娱乐活动；代表不同村庄的曼干达人会经常相互斗舞。与邻近的切瓦族（Chewa）人神秘的尼尤不同，曼干达是一个公开演出，观众

---

① 参见登博：《琪纳卡》。

参与其中，环绕着舞者。舞者跟随鼓点和叫巴甲（baja）的乐器声舞蹈。巴甲是一种类似于卡祖笛的乐器，状如葫芦。舞蹈总有伴奏歌曲。歌词内容涉及很广，从政治到幽默到社会评论都有。

堪堪噶舞蹈

在西北省，恩登布族（Ndembo）人一直保留着成人礼的风俗。他们为女孩子举行成人礼，为女孩结婚做准备。一直以来，成人礼都是在女孩子十几岁的时候举行，堪堪噶（Kankanga）。在基督教传入赞比亚前，所有恩登布女孩都要举行成人礼。如今，赞比亚文化和风俗各个方面受一种动态力量影响。这个仪式也同样受这种力量影响。因此，有些人会选择不举行这种仪式，显然也不会被责备。

传统来说，该舞蹈本身就象征着成人礼高潮的到来。成人礼一般时长达三个月。这个过程中，会有产婆给女孩一些指导，指导内容有性生活、结婚和当母亲。因此，舞蹈本身就是亮相仪式中的一个核心部分。在这个仪式亮相也就意味着，女孩有资格成为一个女人，一位妻子。20世纪50年代中期，一名西方人类学家观看了堪堪噶舞蹈后，写道：

130　　　她跳舞：她的手优雅地煽动着肩上的一束毛。动物的毛发做成的束毛，成涡卷状，在她头顶飞转。她迅速地抖动，从脚跟到裙子到肩膀，乳房上下颤动，她的头无力地从一边晃到另一边。甚至她的背上都叮当作响。她穿着一件背心，缝许多铃铛。每当她摇晃背部，铃声回荡。她如同一套打击乐器，随着鼓点和疯狂的歌声，尽情摇摆。[1]

在英语中，这种舞蹈被称为"舞胸"（breast dance）。而且，的确，不同舞蹈，胸部运动方式不同。这种舞蹈是东部省民族女孩们成人礼仪式的一部分。这种舞蹈的重点更明确地集中在骨盆位置，而且可以说，这意味着更多的性暗示。

与尼尤舞蹈一样，这些仪式在殖民时期也曾被压制过，也被基督教传教士们打压过；结果，很多可以指导成人礼的产婆数量减少，而且许多恩登布人（Ndembo）也已经不举行成人礼。恩登布（Ndembo）在赞比亚是一个少数民族，聚居在该国最偏僻，最落后的省份。地理位置当然也有一定影响。堪堪嘎（Kankanga）的衰落相对较晚，到 20 世纪 90 年代才开始衰落。同样，它的文化复兴也相对较晚，到 20 世纪 80 年代才复兴。[2] 然而，随着这次复兴，先前的模式也发生一些重大的变化。他们借鉴了许多周边文化。比如，洛奇人赞美道：舞蹈根植于堪堪嘎，歌曲则来源于卢瓦勒（Luvale），考恩德（Kaonde）和隆达（Lunda）。此外，受礼女孩表演舞蹈时，一般都会着装齐整。仪式原有的"亮相"意味也几乎全无。然而，这种仪式在村庄里仍然很常见，还偶尔能看到协助堪堪嘎的女性载歌载舞。鼓和形似木琴的乐器仍然在仪式中扮演重要

---

① 特纳：《赞比亚的堪堪嘎》，第 61 页。

② 时间是特纳划分的，他每隔 30 年就观察一次堪堪嘎并且记录其改变，但是没有提供详细例证来说明赞比亚其他少数民族传统的衰落和复兴的差别。

角色。

当代音乐和舞蹈

赞比亚当代音乐和舞蹈，一言以概之就是"折中"。表演艺术家们既受西方影响，又受非洲其他地区的影响。他们融合了多种独特元素。但惊讶的是，我们在前一部分中并没有讨论到传统音乐舞蹈的独特之处。要说赞比亚音乐的特点就是，用赞比亚本国语言演唱，唱和的歌唱形式（这种形式也不只赞比亚有）。还有一项有意思的创新（非洲其他国家也有）：将本国音乐，连同击鼓、唱歌和舞蹈融入保守的基督教礼拜仪式。这些基督教礼拜仪式是有西方传教士带入赞比亚的。而且，用方言演唱的福音音乐、赞美诗和基督教主题流行乐日益增多，尤其增加了教堂在赞比亚的魅力。

然而，忽略形式，很难辩认出赞比亚音乐有什么特别的地方。作为表演艺术，其音乐风格很大程度上借鉴了刚果的伦巴（rumba）①，美国的爵士，牙买加的雷鬼（reggae）②，还有最近几年的雷格乐（ragga）③，说唱和嘻哈音乐、福音音乐还有南非的流行乐。最新融入本土当代音乐乐坛的流派是卡林杜拉（kalindula）。这个音乐流派出现在 20 世纪 70 年代晚期，80 年

131

---

① 译者注：伦巴（rumba），古巴黑人民间舞蹈发展而成的一种交际舞。
② 译者注：雷鬼（reggae），是一种由斯卡（Ska）和洛克斯代迪（Rock Steady）音乐演变而来的牙买加流行音乐，也译作雷吉。
③ 译者注：雷格乐（ragga），一种快节奏舞曲。

代初期，因为乌韦卡之星（Uweka Stars）和塞伦杰·卡林杜拉（Serenje kalindula）乐团盛极一时。当时这两只乐队吸引了本国一大帮追随者。卡林杜拉原本是一个流行乐品牌，以吉他即兴演奏和赞比亚方言演唱为特点。实际上，定义这一艺术形式的不是音乐本身而是舞蹈者随之起舞的方式。舞蹈节奏很快，从腰部开始左右左右地循环摆动

卡林杜拉的兴盛得益于政治法令。1975 年，总统肯尼斯·卡翁达颁布了政治法令：要求 90% 的无线电电台都要致力于发展原唱赞比亚音乐，外国艺术家剩下 10% 的份额。当然，这一法令是国家扶持赞助赞比亚的艺术家们和赞比亚音乐的发展。事实上，即便法令具有专制性。然而该法令在实施中，实际上也给艺术家们和表演者们带了一个好处。他们迅速地看到自己的劳动回报有所提升。国有电视台，赞比亚国家广播公司（缩写为，ZNBC）也播放他们的音乐。当时该国仅有一家电台，掌控在赞比亚国家广播公司手中。

然而，他们也喜欢其他类音乐。刚果的伦巴或索卡斯、乡村音乐和西部音乐，也都很流行，而且保持着强劲的发展势头。20 世纪 80 年代，政策最终放宽要求，这些音乐形式被纳入 90% 中。这些，还有其他一些非赞比亚风格的音乐再一次进入播放列表。但他们一般在人们的家里很流行，用录音带或者卡式录音机播放。

在赞比亚国家音乐电台，可以听到音乐。现在还有一些私人广播电台，比如凤凰电台；还有本地的和卫星电视音乐视频播放。在卢萨卡和铜带省的聚会场所，经常有全国性的著名演出。在赞比亚城镇的酒吧或者小俱乐部里经常会有一些名气不

高的表演家。但是，一点也不奇怪，在赞比亚这个贫穷的国家，只有很少的几个人有磁带播放器（或者有办法用电池或电源给播放器持续提供电源），更少人有光盘播放器和其他更尖端的科技产品。鉴于国内市场的局限性，音乐录音业很小，国内只有几家工作室、推广商和分销商。尽管如此，在大多数城市市场里总可以找到赞比亚艺术家们的录音磁带。相对西方，赞比亚推广使用光盘的速度非常慢（该地的科技越来越落后于时代），但是 CD 在这里还是有消费市场的。

132

尽管购买 CD 的潜在客户相对较少，从经济上制约了新音乐的推广和录音业发展；但赞比亚艺术家在本国市场仍然很受欢迎。赞比亚音乐在本国内很受欢迎而且喜欢的人也越来越多。许多音乐人都很感谢卡翁达总统的法令，让赞比亚的音乐业跳跃式发展，也培养了许多本国听众。赞比亚国有广播电台不仅播放艺术家们的音乐作品，而且也是最主要的演播室录制方。比如，在 20 世纪 80 年代很流行的阿基姆·西屋康达（Akim Simukonda），瑞基·伊利隆加（Rikki llilonga）和穆勒曼纳男孩（Mulemena Boys）。随后几年，歌手简·奥斯本（Jane Osborne）很火。从 20 世纪 90 年代晚期到 21 世纪初期，像 JK、MC. 瓦波维诺（MC Wabwino）、黑木图（Black Muntu）、丹尼（Danny），还有其他的艺术家们缔造了赞比亚先锋艺术家的传奇。他们发行了许多专辑，在全国举办了多场巡演。

20 世纪 90 年代初，本地音乐业陷入低谷。当时，国家经济也已经崩溃。赞比亚国有广播电台也没有资源，来扶持本国艺术家们。20 世纪六七十年代兴起的几家私人录音棚也都消失殆尽。如今，娱乐公司芒都音乐（Mondo）异军突起，成为赞比亚音乐界的主力。他们会推出新的艺术家们，给有潜力的演奏家们提供机会。芒都音乐业务拓展的范围不仅包括赞比亚风格的牙买加雷鬼音乐（该种音乐最近几年刚允许进入本国市场）、本地曲调和布鲁斯（R&B），还有如公司所称的"优美古老的凯林杜拉（kailindula）"音乐。

西方音乐和其他非洲地区的音乐仍然很受欢迎，20 世纪 90 年代以来，赞比亚音乐——无论是生产还是需求——竞争力都有了显著提高。然而，赞比亚艺术家们发现自己竞争力不够，尤其与美国和南非艺术家们在节目档和当地电台收听率竞争时。在城市，服务中上层客户的舞蹈俱乐部里，甚至很难看到赞比亚音乐家们。因为 DJ 手们似乎更偏爱美国的 R&B，hip-hop 还有南非最新的曲调。甚至在更小的、连个好点儿的高脚凳都没有的娱乐场所，也偏爱听刚果的伦巴乐。只要十年，当地人的口味趋向会更加明显。

国际声誉

目前为止，尽管只有一些赞比亚乐队和独奏艺术家在该地区有表演。但是大部分艺术家们的名气仅限于国内，甚至在赞比亚本国的一些地方也不知名。然而，这种情况正在改变。虽然速度缓慢，但随着互联网（比如芒都音乐就有自己信息完备的网站）、卫星电视和音乐视频。还有非洲流行乐大世界（Afropop Worldwide）等颇受欢迎的节目每周会在美国公共电台播放，专门介绍非洲的艺术家们。此外，国际旅行越来越多，有去赞比亚的（自从邻国津巴布韦因国内冲突，游客锐减，前往赞比亚旅游的游客逐年递增），也有赞比亚人出国旅行。这些都加速了赞比亚音乐在全球的扩散。

　　然而，对于那些有才华且急于增加听众数量的赞比亚音乐家而言，这个扩散过程太慢了。比如，歌手简·奥斯本（Jane Osborne）和JK。他们不仅在欧洲和美国演出，在其它非洲国家也有表演。其他人，比如安娜·马卢（Anna Mwale）和瑞基·伊利隆加（Rikki lligonga）已经离开赞比亚去别的地方发展了。然而，赞比亚还没有产出过一位如喀麦隆的马努·迪班格（Manu Dibongo）、马里的萨利夫·凯塔（Salif Keita）、南非的米瑞安·马卡贝（Miriam Makeba）①、休·马赛科拉（Hugh Masekela）或尼日利亚菲拉·库狄（Fela Kuti）那样深入人心且具有国际声誉的音乐巨星。

　　这些表演者因为各种原因在国际上获得了好评：一些人在欧洲或者美国建立了自己的根据地。另一些人，例如米瑞安·马卡贝（Miriam Makeba），她用英语演唱南非种族隔离时期的苦难，并因此吸引了一批追随者；其他歌手，如菲拉（Fela），他之所以受到众人推崇，部分是因为他的歌词多含有政治色彩（赞比亚音乐家们历来忌讳这种风格），也得益于大量尼日利亚移民的传播。随着时间推移，赞比亚的音乐家们可能进入国际市场，但目前他们尚未建立这类联系（与国外观众的联系或音乐工业的业务方的联系）。

---

① 译者注：米瑞安·马卡贝（Miriam Makeba），南非歌手，外号"非洲妈妈"，曾荣获格莱美奖，并投入反对南非种族隔离运动。

术语表

（注：因方言不同，有些词有多种拼写方法。）

阿迈特贝特：即迈特贝特，赞比亚婚礼上的一种仪式。准新娘的母亲和她的女性朋友、亲戚为新郎和他的家人、朋友准备宴会所需食物。

amatebeto（*also matebeto*）. A ceremony in which a bride-to-be's mother leads her female friends and relatives in the preparation of a feast for the groom and his family and friends.

巴甲：一种类似于卡祖笛的乐器，姆布卡族表演迈干达舞时使用。

baja. Kazoo-like instrument used during the Tumbuka's Mganda dance.

巴纳布韦嘎：本巴语，新娘。

banabwinga. Bemba term for "bride".

巴娜西布萨：本巴语，指陪伴女孩成人礼的年长女性。这些人都经过专门训练，还指导已订婚的夫妻们通过婚礼仪式上一系列的考验。

banaeirabusa. Bemba term for a female elder who accompanies a girl during her initiation rites and is specially trained to guide betrothed couples through a series of trials as part of the wedding ceremony.

巴什布孔贝：本巴语，指顾问或者扮演父辈角色的人。通常是一位年长的亲戚，指导新郎完成婚礼仪式。

bashibukorabe. Bemba term for an advisor or father figure, typically an older relative, who guides a groom through the marriage process.

巴什布韦嘎：本巴语，新郎。

bashibwinga. Bemba term for "groom".

布烘贝：洛奇语，希玛。

buhobe.　Lozi term for *nshima*.

琪堪挞：本巴语，一种传统食物，因其形状、浓稠度和颜色，被称为"非洲香肠。由兰花块茎、辣椒、花生、盐和小苏打制成。

chikanda.　Bemba term for a traditional dish known as "African baloney" for its shape, consistency, and color; made from orchid tubers, chilies, groundnuts, salt, and baking soda.

琪纳卡：尼昂加语的琪堪挞。

chinaka.　Nyanja term for chikanda.

琪藤格：指赞比亚妇女穿着的彩色印花布。

ehitenge.　Colorful printed cloth worn by Zambian women.

齐替姆库鲁：本巴人的最高首领。

Chitimukulu.　The paramount chief of the Bemba people.

茨孙谷：本巴语，成人礼。该成人礼同婚礼仪式联系在一起。

cisungu.　Bemba term for initiation rites accompanying the wedding ceremony.

茨特么纳/齐特么纳：指刀耕火种的农业方式。

citemene/cbitemene.　Slash-and-burn agriculture.

伊茨孙谷/伊琪孙谷：指参加成人礼的女性，用于本巴语、孔德语、褚佤语和姆布卡语中。

ic（h）isungu.　A term for female initiation used among the Bemba, Kaonde, Chewa, and Tumbuka.

宜斐布巴拉：一种美味的小吃。将许多毛毛虫晒干、油炸，当作小吃。

ifikubala.　A tasty snack of large caterpillars dried, fried in oil, and eaten as a side dish.

宜芙雅布卡雅：指"你已然知晓的事情"；也是一档广播节目的名称，该节目用本巴语讲故事。

Ifyabukaya.　"Things that you know"; also the name of a radio program that offers stories in the Bemba language.

卡林杜拉：20世纪80年代兴起的一种流行音乐，以赞比亚歌词演唱。

kalindula. A style of pop music featuring Zambian lyrics that emerged in the 1980s.

堪堪噶：恩登布人给适龄女孩举行成人礼中的一种仪式，该仪式内容专门有关婚姻和做爱技巧。

Kankanga. An initiation ritual of the Ndembu for girls coming of age, relating specifically to marriage and sexual techniques.

卡塔塔：类似于卡图比，是一种传统酿造的啤酒。

katata. similar to katubi, traditionally brewed beer.

库拉巴库布瓦罗：雷杰人向首领致敬并庆祝丰收的仪式。

Kulamba Kubwalo. Ceremony of the Lenje to pay homage to their chief and celebrate the harvest.

阔姆博卡：洛奇语，意思是"向不被淹没的地方迁移"。该活动一年一次，标志着洛奇国王的迁移，纪念洛奇人在18世纪初从刚果的隆达帝国脱离，定居于赞比亚西部。

Kuomboka. Lozi term meaning "to move to dry ground"; an annual ceremony that marks the migration of the Lozi king and commemorates the Lozi settlement in western Zambia after they broke offfrom the Lunda Empire in Congo in the early eighteenth century.

克瓦查：赞比亚货币。

kwacha. Zambian currency.

里库姆比丽亚麦斯：鲁瓦乐人庆祝"麦斯之日"，麦斯是鲁瓦乐族人民的古都。

Likumbi Lya Mize. Luvale celebration of "the Day of Mize," the ancient capital of the Luvale people.

里屯噶：洛奇国王。

Litunga. The Lozi king.

洛博拉：该语广泛用于非洲南部，指结婚聘礼。

lobola.　Widely used term for bridewealth in southern Africa.

录史弥：本巴语，意思是"寓言"或"传奇"。

lushirai.　A Bemba word meaning "fable" or "legend".

玛克士：指一群年轻的男舞者，他们戴着精美的面具。该面具所代表的人物名字一样，是鲁瓦乐神话中的主要角色。

Makishi.　Group of young male dancers who wear elaborate masks known by the same name, which represent key figures in Luvale mythology.

曼子：尼昂加语，意思是"水"。

manzi.　Nyanja term for water.

曼干达：一种由男性表演的舞蹈，兴起于第二次世界大战后，东部省份的姆布卡人发明。

mganda.　Male dance style that emerged in the post-World War II period among the Tumbuka people of Eastern Province.

密欧比：林地，包括高草，树木，灌木，此种林地覆盖赞比亚三分之二的面积。

miombe.　Woodland, which consists of tall grasses, trees, and shrubs and covers two-thirds of Zambia.

莫帕尼：即象草。

mopani.　Elephant grass.

慕塞尼：黑穆斯林，偶见于塞内加尔语中。

Msene.　Senegalese occasionally used in reference to black Muslims.

慕坎达：适龄男孩的割礼仪式，标志着他们象征性地过渡到成年；该仪式主要存在于西北部省份，鲁瓦乐族和与其关系密切的路察子族和乔克韦人中。

Mukanda.　A circumcision ritual for boys coming of age that marks their symbolic transition into adulthood; practiced in North Western Province among the Luvale and their related peoples, the Luchazi and Chokwe.

慕西西：洛奇妇女穿的传统服饰。

musisi.　Traditional costume worn by Lozi women.

姆图博孔（即乌姆图博孔/姆图博孔）：隆达语，意思是"过河"。一年一度的庆祝活动，纪念隆达人于 18 世纪迁移到刚果民主共和国。

Mutomboko（also Umutomboko，Mutumboko）.　Lunda term meaning "crossing the river"; a ceremony celebrated annually to commemorate the eighteenth-century migration of the Lunda people from what is today the Democratic Republic of the Congo.

纳丽万达：洛奇国王在阔姆博卡仪式上使用的驳船。

Nalikwanda.　A barge used by the Lozi king during the Kuomboka ceremonies.

尼克瓦拉：东部省份的古尼人举行的年会，也是第一季水果丰收庆典。

Nc'wala.　Annual gathering or first fruits ceremony celebrated by the Ngoni in Eastern Province.

尼迪沃：一种同希玛一起食用的配菜，由肉和蔬菜混合而成，或至少有一些肉汁。

ndiwo.　A relish eaten with *nshima*, composed of meat and vegetables or at least gravy of some kind.

尼古鲁：指本巴人的自然神灵，代表石头或者瀑布，从实习祭祀获得赏赐。

ngulu.　Bemba nature spirits that represented the rocks or waterfalls and received offerings from hereditary priests.

结婚嫁妆：萨拉摩本巴语。

nsalamo.　Bemba term for bridewealth.

希玛：赞比亚主食，玉米制成的硬面团或面糊糊。

nshima.　Zambian staple food; a stiff dough or mash made from ground corn.

尼尤幽勒巴：切瓦人面具，编织物结构、大型动物形象，象征着野生动物、汽车、牛、巫师和欧洲人。

nyau yolemba.　　Chewa mask type characterized by large zoomorphic basketwork structures that represent wild animals as well as cars, cattle, sorcerers, and Europeans.

尼尤：切瓦族人秘密的男性社团，主要功能是敬拜祖先灵魂。

Nyau.　　A male secret society of the Chewa people whose chief function was to revere ancestral spirits.

弗彻赞 M 玛左罗：即"午夜徘徊"，20 世纪 70 年代和 80 年代一家尼昂加语无线广播电台。

Phochedza M'Madzulo.　　"To hang around in the evening"; the name of a popular Nyanja language radio broadcast of the 1970s and 1980s.

茸搭围：（南非土人的）圆顶茅屋。

rondavel.　　Round hut with a thatched roof.

萨鲁拉：国外进口的廉价二手衣物。

salaula.　　Inexpensive secondhand clothing imported from abroad.

史慕纳噶：伊拉人纪念家族独立的庆祝活动。

Shimunenga.　　Ceremony of the Ila that commemorates the establishment of an independent clan.

斯丽姆巴：赞比亚乐器。类似于木琴。

siliraba.　　Zambian xylophone-type instrument.

乌布坦达：一种编织藤席，新娘和新郎坐在上面接受祝福和劝告，这是乌库鲁拉仪式的一部分。

ubutanda.　　A woven cane mat on which a bride and groom sit to receive blessings and counsel as part of the *ukulula*.

乌布瓦丽：本巴语，希玛。

ubwali.　　Bemba term for *nshima*.

乌布围噶：传统本巴婚礼中的仪式，在英语里通常称为"过夜"（overnight），包括举行成人礼和考验新郎、新娘。

ubwinga.　　Traditional Bemba wedding ceremony, often referred to as the "overnight" in English, which includes initiation rites and trials for the bride and groom.

乌库鲁拉：本巴的一种仪式，在婚礼后举行，新郎和新娘收到家人朋友的祝福、聆听他们的告诫。

ukulula. A Bemba ceremony that takes place following the wedding in which the bride and groom receive blessings and counsel from family members and friends.

乌库偏尼卡：本巴语，一种过时的习俗。指寡妇必须要被"洁净"，即与已逝丈夫的男性亲戚发生性关系。

ukupianika. Bemba term referring to the outmoded custom in which a widow must be cleansed by (i. e. , have sex with) a male relative of her deceased husband.

乌库塞弗雅帕昂韦纳：本巴语，意思是"庆祝鳄鱼之地"，纪念本巴人从现今的刚果人民共和国迁移到赞比亚。之前叫乌卡万噶帕昂' 韦纳

Ukusefya pa ng'wena. A Bemba term meaning "celebrating a crocodile's land"; a commemoration of the Bemba migration from what is today the Democratic Republic of the Congo. Previously called Ukwanga pa Ng'wena.

乌卡韦依莎史弗雅拉：字面意思是"让女婿入门"，指正式承认丈夫为妻子家人的仪式。

ukwingisha shifyala. "To let the son-in-law enter"; marks the ceremonial admission of a new husband into the wife's family.

部分参考书目

"航空安全网关于彗星客加拿大 DHC – 5D 水牛—亚特兰大海号坠落于加蓬海岸的分析。"《航空安全网》2003 年 11 月 29 日。2006 年 4 月 15 日。超链接 http：//aviation-safety. net/database/record. php？id = 19930427-2&lang = en.

"ASN Aircraft Accident Description de Havilland Canada DHC – 5D Buffalo—Atlantic Ocen off Gabon. " *Aviation Safety Network*. November 29, 2003. April 15, 2006. http：//aviation-safety. net/database/record. php？id = 19930427-2&lang = en.

班贝克，迈克尔，彼诗瓦普拉·珊亚，纳尔逊·瓦尔韦德："站点和服务项目评估"：体验赞比亚首都卢萨卡世界银行工作报告 548（1982）。

Bamberger, Michael, Bishwapura Sanyal, and Nelson Valverde. "Evaluation of Sites and Services Projects：The Experience from Lusaka, Zambia. " *World Bank Working Papers* 548（1982）.

邦得，G. C：《赞比亚社区的政治变化》。芝加哥：芝加哥大学出版社，1976 年。

Bond, G. C. *The Politics of Change in a Zambian Community*. Chicago：University of Chicago Press，1976.

生命教堂食粮，国际：《关于我们》，7 月 22 日，2005。http：//www. blci. org。zm/aboutus. html。

Bread of Life Church, International, About Us. July 22, 2005. http：//

www. blci. org。 zm/aboutus. html.

波奈尔，彼得："赞比亚的政党制度和政党政治：连续过去，现在和未来。"非洲事务，100（2001）：第 239～263 页。

Burnell, Peter. " The Party System and Party Politics in Zambia: Continuities Past, Present and Future. " *African Affairs*, 100 (2001): 239~ 63.

"呼吁赞比亚完善转基因生物相关法律。"泛非通讯社（PANA）每日新闻专线，2002 年 7 月 25 日。

"Call for Zambian Law on Genetically Modified Organisms. " Panafrican News Agency (PANA) Daily Newswire, July 25, 2002.

卡塞尔，罗伯特：口述社会的寓言预测塔布瓦叙事传统。加州大学伯克利分校和洛杉矶：加州大学出版社，1989 年。

Cancel, Robert. *Allegorical Speculation in an Oral Society: The Tabwa Narrative Tradition*. Berkeley and Los Angeles: University of California Press, 1989.

查巴尔、帕特里克和吉恩·帕斯卡·达洛兹：《非洲状况：混乱作为一种政治工具》，布卢明顿：印第安纳大学出版社，1999 年。

Chabal, Patrick, and Jean Pascal Daloz. *Africa Works: Disorder as Political Instrument*. Bloomington: Indiana University Press, 1999.

乔诺克，M.：《法律、习俗和社会秩序：殖民地时期的马拉维和赞比亚》。剑桥大学：剑桥大学出版社，1985 年。

Chanock, M. *Law, Custom and the Social Order: The Colonial Experience in Malawi and Zambia*. Cambridge: Cambridge University Press, 1985.

昌西，乔治："繁殖的轨迹：赞比亚铜矿带的女性劳动力，1927～1953"，《南部非洲研究学报》，7.2（1980/1981）：第 135～164 页。

Chauncey, George. " The Locus of Reproduction: Women's Labour in the Zambian Copperbelt, 1927~1953. " *Journal of Southern African Studies*, 7.2 (1980/1981): 135~64.

西卡维，黛安娜和彼得·格奇恩尔："面对巫术：后殖民非洲的种种矛盾",《非洲研究观察》, 41. 3（December 1998）: 第 1 ~ 14 页。

Ciekaway, Diane, and Peter Geschiere. " Confronting Witchcraft: Conflicting Scenarios in Postcolonial Africa. " *African Studies Review*, 41. 3 (December 1998): 1 ~ 14.

科林斯, 乔治: 卢萨卡:《规建都城发展史, 1931 ~ 1970》, 卢萨卡及其周边地区热带非洲规建都城的地理研究, 恩德·基弗雷德·威廉姆斯, 卢萨卡, 赞比亚地理联合会, 1986, 第 95 ~ 137 页。

Collins, John. " Lusaka: The Historical Development of a Planned Capital, 1931 ~ 1970. " *Lusaka and Its Environs: A Geographical Study of a Planned Capital City in Tropical Africa.* Ed. Geoffrey J. Williams. Lusaka: Zambia Geographical Association, 1986. 95 ~ 137.

科尔森, E.:《北罗得西亚汤加高原的婚姻与家庭》, 曼彻斯特, 英国: 曼彻斯特大学出版社, 罗得西亚—利文斯通协会, 1958 年。

Colson, E. *Marriage and the Family among the Plateau Tonga of Northern Rhodesia.* Manchester, U. K. : Manchester University Press for Rhodes-Livingstone Institute, 1958.

科尔森, E, 和 T·斯库德:《祈祷与利润: 赞比亚基韦姆布区的啤酒在风俗、经济和社会上的重要性, 1950 ~ 1982》。斯坦福, CA: 斯坦福大学出版社, 1988 年。

Colson, E. , and T. Scudder. *For Prayer and Profit: The Ritual, Economic and Social Importance of Beer in Gwembe District, Zambia, 1950 ~ 1982.* Stanford, CA: Stanford University Press, 1988.

科瑞汉, 凯特:《分崩离析的社区: 赞比亚农村地区权利与性别风貌》, 加州大学伯克利分校和洛杉矶: 加州大学出版社, 1997 年。

Crehan, Kate. *The Fractured Community: Landscapes of Power and Gender in Rural Zambia.* Berkeley and Los Angeles: University of California Press, 1997.

库尼森, 兰·乔治:《北罗得西亚的卢阿普阿人部落政治的风俗与历史》, 曼彻斯特, 英国: 曼彻斯特出版社, 1959 年。

Cunnison，Ian George. *The Luapula Peoples of Northern Rhodesia*：*Custom and History in Tribal Politics.* Manchester，U. K. ：Manchester University Press，1959.

《赞比亚第一家庭的离婚》，BBC 在线新闻 2001 年 9 月 25 日，2005 年 6 月 15 日。http：//news. bbc. co. uk/2/hi/africa/1562488. stm.

"Divorce for Zambia's First Couple. " *BBC News Online.* Septemper 25，2001. June 15，2005. http：//news. bbc. co. uk/2/hi/africa/1562488. stm.

"被吃掉的食物：被非洲贸易威胁的非洲兰花"，《科学日报》，2001 年 8 月 1 日，2006 年 7 月 23 日，http：//www. sciencedaily. com/releases/2001/08/0108 01081646. htm.

"Eaten as Food，African Orchids Threatened by Illegal Trade. " *ScienceDaily.* August 1，2001. July 23，2006. http：//www. sciencedaily. com/releases/2001/08/0108 01081646. htm.

艾利森，加博瑞和赞比亚国家视觉艺术委员会：《赞比亚艺术》，赞比亚，卢萨卡：世界图书出版社，2004 年。

Ellison，Gabriel，and The Zambia National Visual Arts Council. *Art in Zambia.* Lusaka，Zambia：Bookworld，2004.

埃默斯利，W. A. 《狂野的恩戈尼人；选自英属中非利通加宣教历史的某些章节》，纽约：瑞威尔出版社，1899 年。

Elmslie，W. A. *Among the Wild Ngoni*；*Being Some Chapters in the History of the Livingstonia Mission in British Central Africa.* New York：Revell，1899.

爱泼斯坦，A. L. 《网络和城市社会组织》，"社交网络在城市情况：分析非洲中部城镇的人际关系"，艾德 . J. C・米切尔，曼彻斯特，英国：曼彻斯特出版社，1959 年，第 77～117 页。

Epstein，A. L. "The Network and Urban Social Organisation. " *Social Networks in Urban Situations*：*Analyses of Personal Relationships in Central African Towns.* Ed. J. C. Mitchell. Manchester，U. K. ：Manchester University Press，1969. 77～117.

爱泼斯坦，A. L.：《城市化和亲属关系：赞比亚本国在铜矿带的主导力，1950～1956》，纽约：学术出版社，1981 年。

Epstein, A. L. *Urbanization and Kinship：The Domestic Domain on the Copperbelt of Zambia*, 1950～1956. New York：Academic Press, 1981.

弗格森，詹姆斯。现代性的期望：赞比亚铜矿带的神话和城市生活的意义。加州大学伯克利分校和洛杉矶：加州大学出版社，1999 年。

Ferguson, James. *Expectations of Modernity：Myths and Meanings of Urban Life on the Zambian Copperbelt*. Berkeley and Los Angeles：Universityof California Press, 1999.

弗姆恩育，克里斯："时断时续的民主化进程。"《民主杂志》12. 3（2001）：第 37～50 页。

Fomunyoh, Chris. "Democratization in Fits and Starts." *Journal of Democracy* 12. 3 (2001)：37～50.

弗瑞森，史蒂文·M：《舞蹈先知：音乐之于图姆布卡医疗》，芝加哥：芝加哥大学出版社，1996 年。

Fredson, Steven M. *Dancing Prophets：Musical Experience in Tumbuka Healing*. Chicago：University of Chicago Press, 1996.

戈斯勒，吉塞拉："第二次解放"：妇女政治代表在赞比亚、博茨瓦纳和纳米比游说。南部非洲研究学报，32. 1（2006）：第 69～84 页。

Geisler, Gisela. "'A Second Liberation'：Lobbying for Women's Political Representation in Zambia, Botswana and Namibia." *Journal of Southern African Studies* 32. 1 (2006)：69～84.

葛兹勒，乔里："介绍一党制国家在赞比亚的起起伏伏"。Eds。

Gertzel, Cherry. "Introduction." *The Dynamics of the One-Party State in Zambia*. Eds.

C. 葛兹勒，C. 巴利勒和 M. 斯泽弗特，英国曼彻斯特：曼彻斯特大学出版社，1984 年。

C. Gertzel, C. Baylies, and M. Szeftel. Manchester, UK：Manchetser Univeristy Press, 1984.

戈登，大卫 M．"传统仪式的文化政治：姆托博孔及其在赞比亚卢阿普拉的历史演变"社会比较研究的社会和历史 46. 1（2004）：第 63 ~ 83 页。

Gordon, David M. "The Cultural Politics of a Traditional Ceremony: Mutomboko and the Performance of History on the Luapula（Zambia）." *Society for Comparative Study of Society and History* 46. 1（2004）：63 ~ 83.

霍尔，理查德：《赞比亚》，伦敦：蓓尔美尔街出版社，1966 年。

Hall, Richard. *Zambia*. London: Pall Mall Press, 1966.

汉森，凯伦·奇博格：《卢萨卡住房》，纽约：哥伦比亚出版社，1997 年。

Hansen, Karen Tranberg. *Keeping House in Lusaka*. New York: Columbia University Press, 1997.

汉森，凯伦·奇博格。萨鲁拉：《二手衣服的世界与赞比亚》，芝加哥：芝加哥大学出版社，2000 年。

Hansen, Karen Tranberg. *Salula: The World of Secondhand Clothing and Zambia*. Chicago: University of Chicago Press, 2000.

汉图巴，穆纳。"政府农业政策"，The Zambia. com 2004. 2006 年 2 月 20 日。http: //www. thezambian. com/agriculture/government. aspx

Hantuba, Muna. " Government Policy on Agriculture. " The Zambia. com2004. February 20, 2006. http: //www. thezambian. com/agriculture/government. aspx

黑兹勒，H.：《城市化和政府的移民政策：赞比亚农村和城市生活的内在联系》，纽约：圣马丁出版社，1974 年。

Heisler, H. *Urbanisation and the Government of Migration: The Inter-Relation of Urban and Rural Life in Zambia*. New York: St. Martin's Press, 1974.

黑弗拉尔，雨果：《宗教变迁百年中讲本巴语的赞比亚女性（1892 ~ 1992）莱顿》，纽约州：布瑞尔，1994 年。

Hinfelaar, Hugo. *Bemba-Speaking Women of Zambia in a Century of*

Religious Change（1892～1992）. Leiden，NY：Brill，1994.

郝，曼文。"赞比亚此后要自力更生"社会科学 17（2003）：第 6～9 页。

Ho，Mae-Wan. "Zambia Will Feed HerselffromNowOn." *Sciencein Society* 17（2003）：6～9.

"饥荒加剧，赞比亚人以狗为食。"泛非通讯社（PANA）每日新闻专线，2002 年 10 月 4 日。

"Hungry Zambians Eat Dog as Famine Deepens." Panafrican News Agency（PANA）Daily Newswire，October 4，2002.

依鲁克纳，纳玛斯库。"赞比亚教会禁止恶魔崇拜。"邮件和监护人，1998 年 9 月 9 日。

Ilukena，Namasiku. "Zambia Church Banned for 'Satanism'." *Mail and Guardian*，September 9，1998.

"赞比亚的工业。"TheZambian. com. 2004。2006 年 1 月 20 日。thezambian. com/zambia/industries. aspx。

"Industries in Zambia." *TheZambian. com. TheZambian. com.* 2004. January 20，2006. http：//www. thezambian. com/zambia/industries. aspx.

约翰逊，沃尔顿 R。崇拜和自由：一个在赞比亚的美国黑人教堂。纽约：非洲出版，1977 年。

Johnson，Walton R. *Worship and Freedom*：*A Black American Church in Zambia*. New York：African Publishing，1977.

约旦，曼纽尔，等。乔克维！乔克维中的艺术和成人礼及相关人群。慕尼黑：布雷斯特，1998 年。

Jordan，Manuel，ed. *Chokwe*! *Art and Initiation among the Chokwe and Related People*. Munich：Prestel，1998.

诸勒斯 罗塞特，B。"南非妇女成人礼的改变：探索研究。"《加拿大非洲研究杂志》13.3（1979）：第 389～405 页。

Jules-Rosette，B. "Changing Aspects of Women's Initiation in Southern Africa：An Exploring Study." *Canadian Journal of African Studies* 13.3

（1979）：389~405.

"卡布韦穆斯林发誓支持征收。"《赞比亚时报》（恩多拉市），2006
年 3 月 7 日。

"Kabwe Muslims Vow to Vote for Levy. " *The Times of Zambia* （Ndola），
March 7，2006.

卡斯文德，金斯利。"赞比亚玛塞堡痛饮啤酒。"《邮报》（卢萨卡），
2006 年 2 月 28 日。

Kaswende，Kingsley. "There Is Excessive Beer Drinking in Zambia—
Masebo. " *The Post* （Lusaka），February 28，2006.

兰波，克里斯蒂娜。非洲房子：一个的真实故事：一位英国绅士和
他的非洲梦。纽约：哈珀柯林斯，2004 年。

Lamb，Christina. *The Africa House*：*The True Story of an English
Gentleman and His African Dream.* New York：HarperCollins，2004.

莱曼，多萝西娅。赞比亚的民间故事（六个非洲语言和英文文本）。
柏林：迪特里希雷蒙，1983 年。

Lehmann，Dorothea. *Folktales from Zambia* （*Texts in Six African
Languages and in English*）. Berlin：Dietrich Reimer，1983.

"利维呼吁穆斯林社会：让我们开发赞比亚。"《赞比亚时报》，2004
年 2 月 4 日。

"Let's Develop Zambia，Levy Tells Muslim Society. " *The Times of
Zambia*，February 4，2004.

路易戈，乌尔里希。《社会发展中的转换：基督教传教士在赞比亚汤
加河谷的历史》。汉堡，德国：点燃出版社，1997 年。

Luig，Ulrich. *Conversion as a Social Process*：*A History of Missionary
Christianity among the Valley Tonga*，*Zambia.* Hamburg，Germany：Lit
Verlag，1997.

麦克米伦，休和弗兰克·夏皮罗。锡安在非洲：《赞比亚的犹太人》，
伦敦：I. B. 陶里斯，1999 年。

Macmillan，Hugh，and Frank Shapiro. *Zion in Africa*：*The Jews of*

Zambia. London：I. B. Tauris，1999.

马尔维克，马克斯。巫术的社会环境：一项关于北罗得西亚科瓦的研究。曼彻斯特，英国：曼彻斯特出版社，1965 年。

Marwick，Max. *Sorcery in Its Social Setting*：*A Study of the Northern Rhodesia Cewa*. Manchester，U. K. ：Manchester University Press，1965.

马修斯，罗宾。"齐特姆纳，弗迪科拉和混合农业。" TheZambian. com. 2004。2006 年 2 月 20 日。http：//www. thezambian. com/agriculture/farming. aspx.

Mathews，Robin. "Chitemene，Fundikila and Hybrid Farming." TheZambian. com. 2004. February 20，2006. http：//www. thezambian. com/agriculture/farming. aspx.

麦卡弗里，乌纳。"尼尤舞。"戏剧评论 25. 4（1981）：第 39 ~ 42 页。

McCaffrey，Oona. "The Nyau Dance." *The Drama Review* 25. 4 (1981)：39 ~ 42.

明戈奇，D. S. 和 S. W. S. 鹿城。"赞比亚传统蔬菜：遗传、资源、培养和使用。"农业部、国家灌溉研究站，赞比亚马扎布卡。2006 年 4 月 21 日。http：//www. ipgri. cgiar. org/Publications/HTMLPublications/500/ch20. htm。

Mingochi，D. S. ，and S. W. S. Luchen. "Traditional Vegetables in Zambia：Genetic Resources，Cultivation and Uses." *Department of Agriculture*，*National Irrigation Research Station*，*Mazabuka*，*Zambia*. April 21,2006. http：//www. ipgri. cgiar. org/Publications/HTMLPublications/500/ch20. htm.

墨菲，伊恩和理查德·沃恩。赞比亚。伦敦：公司手册，1994 年版。赞比亚的"音乐"。俱乐部艺术史：艺术史网络参考和指导。2006 年 4 月 19 日。

Murphy，Ian，and Richard Vaughn. *Zambia*. London：Corporate Brochure，1994. "Music of Zambia." *Art History Club*：*Art History Web Reference and*

Guide. 2005. April 19，2006. www. arthistoryclub. com/art＿ history/Music＿ of
＿ Zambia.

麦通，G，"赞比亚语言及其媒体。"《赞比亚语言》。斯瑞皮·欧汉
尼斯安和穆班加·E. 卡时科编。伦敦：国际非洲研究所，1978 年。

Mytton，G. "Language and the Media in Zambia. "*Language in Zambia.*
Ed. Sirarpi Ohannessian and Mubanga E. Kashoki. London：International
African Institute，1978.

帕尔帕特，简 L。"你的母亲在何处？"：赞比亚铜矿带的性别、城市
婚姻和殖民话语，1924～1945。《非洲历史研究》27.2（1994）：第 241
～271 页。

Parpart，Jane L. " ' Where Is Your Mother?'：Gender，Urban
Marriage，and Colonial Discourse on the Zambian Copperbelt，1924～1945. "
International Journal of African Historical Studies 27.2 （1994）：241～271.

"赞比亚人民。"赞比亚指南，赞比亚国家旅游局，2004 年。2006 年 3
月 26 日。http：//www. zambiatourism. com/travel/hisgeopeop/people. htm.

"The People of Zambia. " *Guide to Zambia，Zambia National Tourist
Board.* 2004. March 26，2006. http：//www. zambiatourism. com/travel/
hisgeopeop/people. htm.

菲瑞，布莱顿，乔·卡翁达。"AAGM：没有赞比亚国家粮食局的允
许，不可进口转基因玉米。"《邮报》（赞比亚），2002 年 10 月 16 日。

Phiri，Brighton，and Joe Kaunda. "AAGM：Don't Allow GM Maize in
Absence of Policy—ZNFU. " The Post （Zambia），October 16，2002.

瑞克纳尔，丽丝。赞比亚政治和经济自由化：1991～2001。瑞典乌
普萨拉：诺蒂斯卡非洲研究所，2003 年。

Rakner，Lise. Political and Economic Liberalisation in Zambia：1991～
2001. Uppsala，Sweden：Nordiska Afrika institutet，2003.

"内罗毕，达累斯萨拉姆和卢萨卡的说唱，雷格乐和雷鬼。"
Musikmeet（搜索引擎）：斯德哥尔摩音乐博物馆。http：//
www. musikmuseet. se/ mmm/africa/lusaka. html.

"Rap, Ragga and Reggae in Nairobi, Dar es Salaam and Lusaka." Musikmeet: The Stockholm Music Museum. April 28, 2006. http://www.musikmuseet.se/mmm/africa/lusaka.html. http://www.musikmuseet.se/mmm/africa/lusaka.html.

瑞森, 席拉。树丛燃尽, 石头仍在: 赞比亚城市居民的女性成人礼, 皮斯卡塔韦, 新泽西: 事务, 2002 年。

Rasing, Thera. The Bush Burnt, the Stones Remain: Female Initiation Rites in Urban Zambia. Piscataway, NJ: Transaction, 2002.

雷诺兹, B. 麦吉克。北罗得西亚的巴罗策人的魔法、占卜和巫术。伦敦: 查托和温度斯, 1963 年。

Reynolds, B. *Magic, Divination and Witchcraft among the Barotse of Northern Rhodesia.* London: Chatto and Windus, 1963.

理查兹, A. I. 北罗得西亚的土地、劳动力和饮食。伦敦: 牛津大学出版社, 1939 年。

Richards, A. I. *Land, Labour and Diet in Northern Rhodesia.* London: Oxford University Press, 1939.

安德鲁·罗伯茨。本巴的历史: 1900 年以前东北部赞比亚的政治发展和变化。麦迪逊: 威斯康星大学出版社, 1973 年。

Roberts, Andrew. *A History oftheBemba: PoliticalGrowthandChangein North-EasternZambiabefore* 1900. Madison: University of Wisconsin Press, 1973.

安德鲁·罗伯茨。赞比亚历史。纽约: 非洲, 1976 年。

Roberts, Andrew. *A History of Zambia.* New York: Africana, 1976.

路可, 安德鲁。"阔姆博卡: 玛洛兹的古代智慧。"日出出版社, 1980 年 2 月 29 日, (5): 第 174~178 页。

Rooke, Andrew. "Kuomboka: Ancient Wisdom of the Malozi." *Sunrise,* 29 (5) February 1980: 174~178.

萨哈, 桑托什·C, 赞比亚蒙泽区汤加首领及其人民的历史。纽约: 彼得·朗, 1994 年。

Saha, Santosh C. *Historyof the Tonga Chiefsand Their People inthe Monze*

District of Zambia. New York：Peter Lang，1994.

斯奇利特尔，安，循环的不平等：赞比亚乔治混合州的青年人和性别关系。瑞典乌普萨拉：诺蒂斯卡非洲研究所，2003 年。

Schlyter，Ann. *Recycled Inequalities：Youth and Gender in George Compound，Zambia*. Uppsala，Sweden：Nordiska Afrika institutet，1999.

塞莎曼尼，温卡特什。"一位印度教信仰者看赞比亚是一个基督教国家的声明"。耶稣会的神学反思 46（2000）。2006 年 4 月 21 日。http：// www. sedos. org/english/seshamani. htm.

Seshamani，Venkatesh. "A Hindu View of the Declaration of Zambia as a Christian Nation. " *Jesuit Centre for Theological Reflection* 46（2000）. April 21，2006. http：//www. sedos. org/english/seshamani. htm.

斯杨威，宾维尔。一货贝的希望。牛津大学：海涅曼教育，2000 年。

Sinyangwe,Binwell. A Cowrie of Hope. Oxford;Heinemann Educational，2000.

南非法律委员会。"普通法和本土法的协调"第 74 条讨论文件：传统婚姻。1997 年 8 月。http：//wwwserver. law. wits. ac. za/salc/discussn/ dp74. html#N_ 452_ #N_ 452_ .

South African Law Commission. "The Harmonisation of the Common Law and the Indigenous Law. " Discussion Paper 74：Customary Marriages. August 1997. August 10，2005. http：//wwwserver. law. wits. ac. za/salc/discussn/ dp74. html#N_ 452_ #N_ 452_ .

斯皮图尼克，黛布拉和穆班加 E. 卡什奇。"本巴：一个简洁的语言档案。"2004 年 4 月 22 日。2006 年 6 月 30 日。http：//www. anthropology. emory. edu/faculty/ANTDS/本/profile. html。

Spitulnik，Debra，and Mubanga E. Kashoki. "Bemba：A Brief Linguistic Profile. " April 22，2000. June 30，2004. http：//www. anthropology. emory. edu/faculty/ANTDS/Bemba/profile. html.

斯皮图尼克，黛布拉。赞比亚广播文化：观众，公共话语和民族国家。"未出版博士论文，芝加哥大学，1994 年。

Spitulnik，Debra. "Radio Culture in Zambia：Audiences，Public

Words, and the Nation State." Unpublished Ph. D. dissertation, University of Chicago, 1994.

斯皮图尼克，黛布拉。本巴人微不足道的阶级斗争。布卢明顿：印第安纳大学语言学俱乐部，1987 年。

Spitulnik, Debra. Semantic Superstructuring and Infrastructuring: Nominal Class Struggle in ChiBemba. Bloomington: Indiana University Linguistics Club, 1987.

泰特，约翰。从自助住房到可持续解决方案：卢萨卡的资本主义发展和城市规划。英国奥尔德肖特。埃布瑞，1997 年。

Tait, John. From Self-Help Housing to Sustainable Settlement: Capitalist Develop-ment and Urban Planning in Lusaka, Zambia. Aldershot, U. K. : Avebury, 1997.

特姆博，穆维泽戈 S. "齐纳卡：特姆博卡的传统食物。" 1997 年 4 月 28 日。2006 年 3 月 25 日。http://www. bridgewater. edu/ ~ mtembo/ chinaka. html.

Tembo, Mwizenge S. "Chinaka: Traditional food of the Tumbuka." April 28, 1997. March 25, 2006. http://www. bridgewater. edu/ ~ mtembo/ chinaka. html.

特姆博，穆维泽戈 S。赞比亚特姆博卡的传统舞蹈姆干达。2006 年 3 月 25 日。

Tembo, Mwizenge S. "The Mganda Traditional Dance among the Tumbuka of Zambia." July 27, 1995. March 25, 2006. http:// www. bridgewater. edu/ ~ mtembo/mugandadance. html.

特姆博，穆维泽戈 S，老鼠也美味："东赞比亚特姆博卡饮食习惯中老鼠的含义。" 2006 年 3 月 25 日。bridgewater. edu/ ~ mtembo / mbeba. html。

Tembo, Mwizenge S. "Mice as a Delicacy: The Significance of Mice in the Diet of the Tumbuka People of Eastern Zambia." March 25, 2006. http://www. bridgewater. edu/ ~ mtembo/mbeba. html.

特姆博，穆维泽戈 S.："希玛：赞比亚的主食"。2006 年 3 月 25 日。
bridgewater. edu/ – mtembo / nshimachapter1. htm。

Tembo, Mwizenge S. "*Nshima*: Zambian Food Staple. " March 25,
2006. http://www. bridgewater. edu/ – mtembo/nshimachapter1. htm.

特乌藤，蒂莫西。一位收藏家的面具收藏指南。斯考克斯市，新泽
西：1990 年。维尔福利特"传统仪式。"赞比亚指南、赞比亚国家旅游
局。2006 年 4 月 24 日。http://www. zambiatourism. com/travel/hisgeopeop/
tradcere. htm.

Teuten, Timothy. *A Collector's Guide to Masks.* Secaucus, NJ: Wellfleet,
1990. "Traditional Ceremonies. " *Guide to Zambia*, *Zambia National Tourist
Board.* 2004. April 24, 2006. http://www. zambiatourism. com/travel/
hisgeopeop/tradcere. htm.

特纳，伊迪丝。"赞比亚堪堪噶舞：仪式的变迁"。
Turner, Edith. "Zambia's Kankanga Dances: The Changing Life of a
Ritual. "

《表演艺术杂志》10. 3 （1987）：第 57 ~ 71 页。
Performing Arts Journal 10. 3 （1987）: 57 ~ 71.

特纳，V. W. 符号的森林：恩登布仪式的方方面面。纽约伊萨卡岛：
康奈尔大学出版社，1967 年。

Turner, V. W. *The Forest of Symbols*: *Aspects of Ndembu Ritual.* Ithaca,
NY: Cornell University Press, 1967.

凡·宾斯伯格，维姆·M·J. 赞比亚宗教的变化：探索性研究。来自
非洲研究中心的专著，莱顿。波士顿和伦敦：肯加 保罗国际，1981 年。

Van Binsbergen, Wim M. J. *Religious Change in Zambia*: *Exploratory
Studies.* Monographs from the African Studies Centre, Leiden. Bostonand
London: Kegan Paul International, 1981.

怀特，C. M. N."卢瓦勒社会组织的因素"非洲研究，14 （1959）：
第 97 ~ 112 页。

White, C. M. N. "Factors in the Social Organisation of the Luvale. "

African Studies, 14 （1959）: 97 ~ 112.

"赞比亚"记者保护委员会, 1997 年。2005 年 9 月 15 日。http: // www. cpj. org/attacks97/africa/zambia. html。

" Zambia. " *Committee to Protect Journalists.* 1997. Septemper 15, 2005. http: //www. cpj. org/attacks97/africa/zambia. html.

索 引

（索引所标页码为原书页码，见正文页边。）

Agriculture，农业，6，85 ~ 86，119；chitemene，齐特姆纳，86. See also Chitemene；Farming，另请参见 Chitemene；农业

AIDS，艾滋病 . See HIV-AIDS，参见艾滋病病毒感染艾滋病

Amatebeto，阿迈特贝特，83，99，101. See also Bemba，参见本巴

ANC（African National Congress），ANC（非洲国民大会），14，15

Ancestors，祖先，26 ~ 30，61，110；reverence for ancestral spirits，尊拜祖先灵魂，128

Anglican Church，圣公会教堂，31，33，39，102

Art，艺术，59 ~ 63

Bantu speakers，班图人，6，10，11，24

Baptists，浸信会教徒 31，34

Bemba，本巴，15；conflict with other groups，冲突与其他群体，11；cuisine and diet of，烹饪和饮食，76，79 ~ 81；divorce，离婚，102；farming，农业，85；initiation rituals of，成人礼，116；language，语言，24nl，28，45，51，53，113；literacy，识字，45；marriage rites，婚姻仪式，62，83，98，99 ~ 101；migration from Congo，从刚果迁出，10；religious impacts，宗教影响，28，31，32，45，53；storytelling，讲故事，43 ~ 44；traditional architec-ture，传统建筑，64；Ukusefi/a pa ng'wena，乌卡韦侬·莎·史弗雅拉，113

Bridewealth，聘礼，97～98，102. *See also* Lobola；Nsalamo，另请参见洛博拉；萨拉摩

Britain，英国，12，13，14，16. *See also* United Kingdom，另请参见大不列颠联合王国

British people，英国人，6，7，8，11，13；Empire and colonialism，帝国殖民主义，14，35，36，66，112

British South Africa Company，英国南非公司，6，11，12，44，65

Catholic Church，天主教堂，31，32，34，39；and African language literacy，和非洲语言素养，44；radio programming，广播节目，53. *See also* Missionaries；White Fathers，另请参见传教士；白人父亲

Central Province，中部省份，8，64，85，115

Chewa，切瓦，61，116；Nyau，尼尤，128，129. *See also* Nyanja language；Nyau，另请参见尼昂加语；尼尤

Chikanda. *See* Chinaka，琪堪达，参见琪纳卡

Chiluba, Frederick J. T.：Christianity and，齐鲁巴，弗雷德里克·J·T，34，35；corruption and，基督教腐败当选，20；elected president，总统，18；and marriage，婚姻，103；Mwanawasa and，姆瓦纳瓦萨，23～24；prosecution of，起诉，24；relationship with Kaunda，与卡翁达的关系，21；relations with international community，与国际社会的关系，19；relationship with media，和媒体的关系，53；and Third Term，第三个任期，22～23，35

Chinaka，81，83

Chipata，奇帕塔，59，107，115

Chitemene，齐特姆纳，5，85

Christianity，基督教，25，26，27，30～35；Christian-Muslim relations，基督教与穆斯林的关系，36；Christian radio，基督教广播，53；effect on cultural ceremonies，对文化仪式的影响，109，125～26，128，130；effect on gender roles，对性别的影响角色，92，96；music and，音

乐，131；weddings，婚礼，102；Zambia as Christian Nation，赞比亚作为基督教国家，35，36，38，39，

Christian missionaries，基督教传教士，8，11，26，27，31. *See also* London Missionary Society；White Fathers，参见：伦敦宣道会；白人教父

Citemene. *See* Chitemene，茨特姆纳，即齐特姆纳清洗，

Cleansing，106

Climate，气候1，4，63，81，85～86；suitable housing for，合适住房，65

Compounds. *See* Urban Compounds，复合物，参见：城市复合物

Congo，Democratic Republic of：borders with Zambia，刚果民主共和国：边界赞比亚，2，9；clothing influences，服装的影响，89；Lunda and Luba Empires，隆达人和班图帝国，10，111，112；musical influences，音乐影响，123，131，132

Copper，铜，4，7，33，93；and precolonial labor，和前殖民时期的劳动，112～113；revenues from，收入，13，16，24

Copperbelt Province，铜矿带，4，7，41；ethnicity，种族，45，113；football，足球，120；Hindus in，印度教徒，36；labor，劳动，92；performances，表演，131；political activity in，政治活动，15；radio in，广播，34，53

Copper mining，铜矿开采，4；colonial period，殖民时期，7，13；dependence on，依赖，16；price recovery，价格复苏，24

Coup attempts，政变企图，17，18，51；allegations against Kaunda and UNIP，指控卡翁达和联合国家独立党，21

Democracy，民主，2，15～16，19～20，22～23，37，46，48；corruption and，腐败，20～21；media and，媒体，49～50，54～55，57；one-party，一党专政，15；women and，妇女，93

Divorce，离婚，97，102～5，107

Eastern Province，东部省份，8，101；cave paintings in，洞穴壁画，59；Chewa in，切瓦，61；food in，食品，76，79；initiation ceremonies in，成人礼，117，128；Ngoni in，恩戈尼，84，115

Economy，经济，4，24；colonial economy，殖民经济，32，65，94；economic decline，经济衰退，15～18，72；food shortages and，粮食短缺，86～87；minority groups and，少数民族，35～37；opportunities for women，女性的机会，110；Structural Adjustment Program，结构调整计划，16～17，19

Education，教育，42，45；gender and，性别，96，97；materials，材料，47；and missionaries，传教士，32，41，45；sex education，性教育，116

Elections，选举，2，14，15；Hindus and，印度教徒，36；media and，媒体，53；multiparty，多党，16，18，20～23；and Muslims，穆斯林，36

English（language），英语（语言），6，7，12，29，32，41，42，44，55；written forms，书面形式，45～47；radio programs in，广播项目，51

English（people）. See British people，英国（人），即 British people

Evangelical churches，福音派教会，26，27，33，39；President Chiluba and，总统奇卢巴，34；similarities with American churches，与美国教堂的相似性，34，35，52

Farming，农业，5，8；female role in，女性角色，94；and race relations，种族关系，9，77～78，85～86. See also Agriculture，另请参阅农业

FDD（Forum for Development and Democracy），FDD（发展和民主论坛），93

Feminism，女权主义，91

Festivals，节日，110，114，115，119

Football, 足球, 94, 119~22, 123

Gender: and HIV/AIDS, 性别：艾滋病毒/艾滋病, 105; in marriage, 婚姻, 96, 104; roles of women, 女性角色, 92~95

Gore-Browne, Sir Stewart, 戈尔—布朗，斯图尔特爵士, 66~67

Government, 政府, 1, 2, 9; branches of, 分支, 20; Chiluba, 奇卢巴, 24, 30, 37; colonial-era, 殖民时代, 12, 13, 14, 94; corruption and, 腐败, 19~21; and death of football team, 足球队坠毁事件, 121; and food aid, 食品援助, 86~87; and housing, 住房, 72; and internet, 互联网, 55; and media, 媒体, 47~52, 53~54; Mwanawasa, 姆瓦纳瓦萨, 24; and opposition, 反对, 14~15, 20~22, 23; post-colonial, 后殖民, 15, 16, 17, 18; and traditional cultural ceremonies, 传统文化仪式, 113, 117, 128; women in, 女性, 93

Hindu, 印度教, 25, 27; Hindu Association of Zambia, 印度教协会赞比亚, 37; Hindu Indians, commercial and political activities, 印度教的印度人，商业和政治活动, 36~38

HIV-AIDS, 艾滋病, 2, 21, 27, 39, 104, 118; impact on families, 对家庭的影响, 107; in literature, 文学, 46; and marriage, 婚姻, 105~106; and promiscuity, 滥交, 97, 117

Holidays, 节日, 114, 116, 119

Ila, 依拉, 10; Shimunenga ceremony, 史慕纳嘎仪式, 115

India, 印度, 37

Indians, 印第安人, 35~38, 65, 70

Islam, 伊斯兰教, 25, 27, 35~36. See also Muslims, 参见穆斯林

Jehovah's Witnesses, 耶和华见证人, 33, 38

Jews, 犹太人, 37

Kafue River，喀辅埃河，3，115

Kalindula music，卡林杜拉音乐，131，132

Kalumba, Katele，卡鲁巴，卡特勒，30

Kaonde，昂德，10，45，51，102，116，117，130

Kapwepwe, Simon Mwansa，卡普韦普韦，西蒙·曼瓦萨，15，113

Kariba Dam，卡里巴水库大坝，3，4，8. *See also* Lake Kariba，参见卡里巴湖湖卡翁达

Kaunda, Kenneth David：coup attempt，肯尼斯·大卫：政变，17 ~ 18；cultural activities，文化活动，113，128；economic policies，经济政策，2，15，19 ~ 20；founding of African nationalist move-ments，非洲民族主义运动，14；and multiparty elections，多党选举，16，17，18；one-party rule，一党专政，15；political comeback attempt，政治复出的努力，21；religious groups，宗教团体，32 ~ 33，38；Zambian music and，赞比亚音乐，131，132

Kunda，孔达，8，128；ChiKunda（language），奇昆达（语言），46

Lake Kariba，卡里巴湖，3，4. *See also* Kariba Dam，参见卡里巴水库大坝

Languages：literacy，语言：识字，41，42，45；literary tradition，文学传统，41，44 ~ 45；oral tradition，口头传统，42，43 ~ 44，56；transcribed（made literate），转录（文化）41，43

Lenje，雷杰，115

Lewanika（19th c. Lozi King），勒瓦尼卡（19 世纪。洛奇人的国王），11，12，31

Literature，文学，44 ~ 47

Litunga，利通加，8，111，12

Livingstone, David，大卫·利文斯通，11，31

Livingstone（city of），利文斯通（城市），35，37，62，63，68，80

Lobola，洛博拉，97 ~ 98. *See also* Bridewealth；Nsalamo，另参见聘

礼；萨拉摩

London Missionary Society（LMS），伦敦宣道会（LMS）31

Lovale. *See* Luvale，卢瓦勒，参见卢瓦勒

Lozi，洛奇，8；art，艺术，61；changing traditions，不断变化的传统，101；dress，衣服，89；food，食物，76，78；Kuomboka ceremony，阔姆博卡仪式，111~112；language，24nl，语言，24 nl，45，51；migration and settlement，迁移和定居，10，11，64；religion，宗教，28，31；rituals，仪式，116，130

Luapula Province：Mutumboko ceremony in，卢阿普阿省：姆托博孔仪式，112；Seventh Day Adventists，安息日，33

Luba Empire，班图帝国，10

Lunda（Zambia），隆达人（赞比亚），10，45，51，113；initiation，成人礼，116，130；Mutomboko ceremony，姆托博孔仪式，112

Lunda Empire（Congo），隆达人帝国（刚果），10，111，112. *See also* Luba，参见卢巴

Lusaka：architecture in，卢萨卡：建筑，63，65，67；Bemba people in，本巴人，113，68；climate，气候，4；dress in，穿着，88；expansion of housing，扩大住房，71~72；Islam in，伊斯兰教，35~36；politics of，政治，37；retail，零售，75~76，84；showgrounds，展览场地，60；social activities in，社会活动，119，120，123，131；traditions in，传统，83，94，97；as urban polyglot，多种语言城市，8；variation in neighborhoods，社区的变化，70；weddings in，婚礼，102

Luvale（Lovale），卢瓦勒（洛瓦勒），10，45，51；dances，舞蹈，127，130；initiation rituals，成人礼，115，116，117；Likumbi Lya Mize ceremony，里库姆比 丽亚 麦斯，114. *See also* Makishi，参见玛克士

Maize，玉米，6，17，75，76，82，84；genetically modified（GMO），转基因（GMO），87

Makishi masks，玛克士面具，61，114，127

Mambwe，曼布韦，11，31，45

Masks，面具，61～62；Makishi，玛克士，114，127，128；Nyau，尼尤，128

Mazoka, Anderson，马佐卡，安德森，23，38

Mealie Meal. *See* Maize，玉米餐，参见：玉米

Miombe woodland，米欧亩贝林地，5

Missionaries，传教士，11，26，27，31，64，65，131. *See also* Catholic Church；Literacy；David Livingstone；London Missionary Society，参见天主教堂；文化；大卫·利文斯通；伦敦传教社会

MMD（Movement for Multiparty Democ-racy），多党民主运动（MMD），18；consolidation of power，整合的力量，19，20～23；and Mwanawasa presidency，姆瓦纳瓦萨总统任期，23；relations with media，与媒体的关系，48～50，54

Mongu，蒙日，45，107，111

Movies，电影，55，69

Mumba, Nevers，孟买，纳韦尔，35，39

Muslim associations，穆斯林协会，36

Muslims, Senegalese，穆斯林、塞内加尔，36. *See also* Islam，参见伊斯兰教

Muslims and politics，穆斯林和政治，36

Mutomboko，姆托博孔，112. *See also* Lunda，参见隆达

Mwanawasa, Levy，姆瓦纳瓦萨，利维，23～24，35～36，39；and media，媒体，48～49，52～53

Mwanawasa, Maureen，姆瓦纳瓦萨，莫林，37

National Agricultural Show，国家农业节目，119

Ndola，恩多拉市，37，53，63，65，84，97，107

Ngoni，恩戈尼，8，10，11，113；Nc'wala ceremony，尼克瓦拉仪式，84，115

Northern Province, 北部省份, 4; architecture in, 建筑, 63, 66; climate, 气候, 78, 81, 86; migration to, 迁移, 113; politics in, 政治, 15; religion in, 宗教, 31~32, 45. See also Bemba; Mambwe, 参见本巴; 曼布韦

North Western Province: cultural celebra-tions, 北西部省份: 文化庆典, 114; makishi masks in, 玛克士面具, 61; Mukanda ceremony in, 穆坎达仪式上, 115

NRANC (Northern Rhodesia African National Congress). See ANC, NRANC (北罗得西亚的非洲国民大会)。参见: 非洲国民大会

Nsalamo, 萨拉摩, 98~99, 101. See also Bridewealth; Lobola, 即洛博拉, 聘礼

Nsenga, 恩森加, 8, 117, 128

Nshima, 希玛, 76~77, 79, 82

Nyanja language, 尼昂加语, 7, 8, 9, 45; radio broadcasts in, 收音机广播, 44, 51

Nyau: ceremony, 尼尤: 仪式, 61, 128, 129, 130; masks, 面具, 61

Oasis Forum, 绿洲论坛, 35, 38

Opposition, 反对, 14, 15, 17, 18, 21, 22, 23; media access to, 媒体访问, 49, 50, 52, 54. See also ANC; FDD; MMD; UNIP; UPND, See also 另请参阅非洲国民大会, FDD; 多党民主运动; UNIP; UPND

Opposition parties in politics. See Opposition, 政治反对党。参见反对派

Patel, Dipak, 帕特尔, 迪帕克, 37

Pentacostalist Universal Church of the Kingdom of God, 英国五旬节派普世教会, 38

Police (Zambia Police Service), 警察 (赞比亚警察服务), 30, 104

Polygamy. See Polygyny, 一夫多妻制。参见: 一夫多妻

Polygyny，一夫多妻制，96～97

Portuguese, precolonial contact with African peoples，葡萄牙，与前殖民时期的非洲人打交道，10～11，30

The Post（newspaper），邮报（报纸），20，49，50，53；harassment of，骚扰，49，50，54

Radio，收音机，34，42，44，47，51～52，53，56～57，109，124，131，131；private，私人，53，131；and politics，政治，54

Radio Phoenix，无线电凤凰，53～54，131

Rhodes, Cecil，罗兹，塞西尔，12

Rhodesia, Southern，南罗得西亚，4，9，12，13，14

Rumba music，伦巴音乐，131，132

Senga. *See* Nsenga，森加。参见：恩森加

Shiwa Ng'andu，西瓦·昂安都，66～67

Sinyangwe, Binwell，45～46

South Africa，南非，4；economic investment in Zambia，赞比亚的经济投资，80，84，87；housing influences，住房影响，65，72；language in，语言，47；music，音乐，131～33；race and，种族，9，11，31；television from，电视，54，55；women parliamentarians，女性国会议员，93

Southern Province：climate，南部省份：气候，4，5，78，85；Ila，依拉，115；migrations to，迁移，10；religion in，宗教，36，37；Tonga，汤加，8，43

Spirit realm，精神领域，28～29，106. *See also* Ancestors，参见 Ancestors

Squatting，72

Structural Adjustment Program（SAP），结构性调整计划（SAP），16～17，19. *See also* Economy，参见：经济

Tayali, Henry, 塔雅利，亨利，60

Third Term campaign, 第三个任期，22～23，35

Tonga, 汤加，4，8，10；bridewealth, 聘礼，98；and cattle farming, 牛农业，94～95；deansing, 清洗，108；divorce, 离婚，102～103；folktales of, 民间故事，43；and Kariba Dam, 卡里巴水库大坝，4；language, 语言，44，45，51；polygyny among, 一夫多妻制，96

Tumbuka, 图姆库巴，79，116，127，129

Ukusefya pa ng'wena, 乌库塞弗雅 帕昂韦纳，113～114. *See also* Bemba, 另请参阅：本巴

Umutomboko. *See* Mutomboko, 乌姆托博孔。参见：姆托博孔

UNIP (United National Independence Party), UNIP（美国国家独立党），14～15，17～18，20，21，38，48，66

United Kingdom, 英国，1；media influences, 媒体影响，34，52，53. *See also* Britain, 参见，英国

United States of America, 美利坚合众国，16；and food aid, 粮食援助，96；television from, 电视，52，54

University of Zambia (UNZA), 赞比亚大学（UNZA），42，56，60，69

UPND (United Party for National Development), UPND（美国国家开发），23

Urban compounds, 城市混合体，63，65，70～73，95，105

Victoria Falls, 维多利亚瀑布，3，62

Weekly Post. *See* The Post, 《每周邮报》。参见《邮报》

Western Province：basketry of, 西部省份：篮筐的，61～62；geography, 地理，5；Lozi in, 洛齐人，8，45

White Fathers, 白人教父，31，44；and establishment of literacy, 文化

的建立，45. *See also* Catholic Church；Literacy；Missionaries，参见天主教堂；文化；传教士

Witchcraft，巫术，28~30，38

Zambezi River，赞比西河，3，4，5，8，11，12，64，78，90，111

Zambia National Broadcasting Company（ZNBC），赞比亚国家广播公司（ZNBC），34，51，52，53，54，131~132

ZANC（Zambia African National Con-gress）. *See* ANC，ZANC（非洲国家赞比亚国会）。参见：非洲国民大会

Zimbabwe，津巴布韦，2，3，4，8，12，133；artwork，艺术品，59；in Central African Federation，中部非洲联盟，12~13；language and literature in，语言和文学，45，46，47；traditional practices，传统做法，27；whites from，白人，9. *See also* Rhodesia，Southern，参见罗得西亚，南部

Zukas，Cynthia，祖卡斯，辛西娅，60

Zukas，Simon，祖卡斯，西门，37

译者的话

　　谈到非洲，一百个人眼中也许就有一百个非洲。对于旅行家而言，首先想到的可能是曾身临其境感受过的广袤原野和宏伟山峰；对于动物学家而言，首先想到的可能是那里独有的野生环境及特色生物；而对于大多数没有到过非洲的朋友而言，非洲也许就意味着骨瘦如柴的孩童，过着一贫如洗的生活还要面对艾滋、疟疾横行的难民以及发生在这片大陆上似乎永远不会结束的战争。

　　我们都或多或少了解非洲，但我们的了解却又十分片面。

　　当下的中国可谓称得上是与非洲大陆关系最密切的国家。自 2009 年起，中国连续五年成为非洲第一大贸易伙伴国。2014 年，中非贸易额突破 2 200 亿美元，是 1960 年的 2 000 多倍。然而遗憾的是，在这样宏大的时代背景下，非洲对于很多人而言似乎还是"消极、悲观"的代名词，内乱不断，管理混乱，贪污腐败横行，甚至笼统地认为非洲是一个国家。而事实上，非洲大陆有 54 个国家，每个国家的情况都各有不同。

　　作为 21 世纪世界最具活力和争议的经济体，中国最重要的贸易合作伙伴之一，非洲大陆成了我们不管主动或是被动，都需要去了解的对象。改革开放后，成千上万的中国人不以山海为远，来到了这充满活力和希望又富有神秘色彩的大陆。无论是做个体经营的小商贩，还是在当地投资的大型企业，抑或是国家间宏观层面上的合作，中国人的到来都在很多层面上改变了非洲。

根据不完全统计，在非华人数量已突破百万。然而，作为非洲的外来者，许多华人的状态都是"身已至，心却远"。许多华人在非洲，状态似乎都与周围格格不入。他们出入必须有专车接送，不吃当地食物，不顾当地习俗，在非洲交的亦多是中国朋友。事实上，无论是华人自身出现瑕疵，还是西方或当地媒体恶搞华人形象，都反映出华人融入当地主流的困境。由于语言障碍、文化差异，华人与当地人之间的沟通往往受限。华人难以入乡随俗，当地人也把华人视作封闭群体。在华人与非洲人有效融入度较低的情况下，存在着许多刻板印象，大概也就不足为奇了。因为不够了解而形成的根深蒂固的观念，却是难以破除的，它是我们认识事物的一种方式，但也为我们客观认知现实设置了天然屏障。

人口在各国之间流动是 21 世纪难以阻挡的潮流，因而如何对待不同文化间的碰撞显得格外重要。与非洲当地人打交道，首先要做的就是摆脱固守隔绝的心态，并做到在不同文化背景下的相互尊重。尊重是建立在互相理解的基础上。不同的族群对同一件事情往往存在不同看法，这就需要对具体族群的文化和风俗有一定的了解。

不要笼统地谈非洲，是我在非洲几个国家工作和生活后最大的感触。许多媒体在报道非洲时喜欢一概而论，似乎一个非洲小国的动乱或者几处部族的冲突，就代表了非洲的整体局势。在这种一概而论的背景下，介绍非洲具体国别的书籍就显得尤为重要。

根据不完全统计，赞比亚华人的数字已超过 3 万，中国已成为赞比亚主要的贸易伙伴国之一。然而，市面上关于赞比亚的中文书可谓寥寥无几，希望这本《赞比亚的风俗与文化》对想要到赞比亚投资、旅游的国人了解该国国情、人民、文化与风俗有所裨益。

在翻译本书期间，我正穿梭于赞比亚的城市、乡镇和丛林里。此时的赞比亚，无论城市大小，正经历着电力短缺的困扰，每天停电 8 ~ 14 个小时。我的翻译工作也因此常在一片漆黑里进行。

在赞比亚工作生活已一年有余，我无法解释究竟是何滋长了我对这片土地的情愫——许是赞比西河踩着落日散步的象群，许是维多利亚瀑布童话般的双彩虹，许是部落里让人不由自主载歌载舞的当地音乐，许是衣着鲜艳头顶重物行走于烈日下的女人，许是笑得灿烂让世界都暗淡的孩童，许是那些面对诸多艰难困苦依然表现出承受力和幽默感的同事。说实话，我不得而知。然而，尝试阅读这个中南部非洲国家的底蕴，尝试细细地踏遍它每一寸土地，尝试走进它的城镇乡村，尝试认识生长在这片土地上的人，无疑给了我许多的惊喜。这个国家尽管深处内陆，却依然有着流动的气质，与生命息息相关。

在对这个国家进行探索的过程中，我尝试着与赞比亚本巴、尼昂加、洛奇等不同民族的人交流。通过这样的交流，我终于慢慢了解到原来赞比亚人也有不同的文化起源，慢慢地觉察古老的部落与现代政治微妙的联系，明白为什么总统选举时某个选区的人会统一投票给某个候选人，也慢慢理解了工作和生活中与当地人产生磨合的原因，体会到刻板印象之可怕。

冯小刚在拍《1942》的时候说，要拔掉头上的"天线"，这个偏见是我们头脑中的印象、自我，还是某种自以为是的价值判断。因为只有揭开我们心头的偏见，我们才能看见"人"。

关于赞比亚，这么近，那么远。如果你想对它有更深的了解，不妨阅读本书并重新思考，丰富刻板印象中的维度。

李杭蔚

2015 年 10 月，于赞比亚卢萨卡

第四方译者

　　封一函在《差异：译者的感知与悟性》一文中写道：译者素养表现为对文化差异的融通和融汇并将其作最小化处理的能力上。而将差异作最小化处理的要义是把普适化和本土化作为差异的两个融合点，而不仅仅是两种翻译策略。"（摘自：《中国翻译》2015年第六期）译者不仅穿梭于两种语言之间，更是两种不同文化的调和者。一般而言，译者在将文本由源语转换到目的语的过程中，只是作为第三方存在。第一方，作者从自身角度和立场来看待所有事件及其所占立场；第二方，作者用本国语言呈现原材料以及自己对原材料的加工。第三方，才是译者的转换。此处假设译者作为客观存在的调和方，旨在忠实呈现原文本，暂不细论译者本身的立场和认知结构。"

　　然而，《赞比亚的风俗与文化》的翻译又多添一层障碍，这障碍横亘在作者斯科特·D·泰勒与赞比亚之间。首先，泰勒作为英语世界作家，对赞比亚的观察本身就是一种跨文化活动。他的观察视角和立场不可避免地与赞比亚文化存在不可逾越的鸿沟。其次，英语语言本身就是文化和思维方式的负载。也就是说，英语语言写作就已经在英语作者泰勒和赞比亚之间划出分界线。第三，《赞比亚的风俗与文化》中的引用多来自其他英语国家观察者的文字记录，而非赞比亚本国的记录者。这些记录材料多来自政府相关部门。赞比亚虽然有 31 种部族语言，却选择了英语作为其官方语言。赞比亚本国原材料也是以英语形式呈现。而且，因为长期受西方思想和文化的影响，许多赞比亚人的文化身份已经模糊化或者说全球化、西方化。他们自己也开始跳出自己的传统文化，以独立姿态审查自己的文化。第四，赞比亚英语不是纯英文。英语从跟随殖民主义入驻赞比亚就开始自己的赞比亚化进程。赞比亚许多少数民族语言中的名词开始通过声音的形式合成为英文单词。这些赞比亚英文单词在《赞比亚的风俗与文化》中随处可见。比如，阿迈特贝特（amatebeto），一种在婚礼前几周举行的仪式，新郎的女性亲戚们给新郎和他的家人准备大餐。西方世界没有这一特殊仪式，因此在称呼上或者名称使用上，只能将其声音字母化。表音的英语如此音译尚且还能说得过去，但若用表意的中文也完全表音翻译，更多的却是无奈。由此可见，泰勒即便在英语写作过程中也不可避免地加入译者行列，成为第三方。那么，中文译者也就自然而然地成为转述赞比亚风俗与文化的第四方。

本人在翻译《赞比亚的风俗与文化》一书中发现，作者泰勒在充当译者角色时，十分隐忍。即便有很多个人观点，他也尽量保持中立，对事物进行客观的描述。只是在触及普世价值观时，他才表露自己的立场。比如，谈及赞比亚性别角色在婚姻中扮演的角色时，他就详细地描述了女性如何被陷害于"不仁不义"的境地，并疾言厉色地批判了赞比亚男性的巧舌如簧和蛮不讲理。他在观察赞比亚乃至整个非洲时，并不刻意把自己摆在高高的西方白人的位置上，而是努力将非洲纳入世界，将自己看作世界公民。而《赞比亚的风俗与文化》不过是一位世界公民在平等看待另一群与自己不同的世界公民，用普世价值来称量差异。这种处理方式就是将差异最小化，并将其融汇融通。因此，第四方中文译者更应该承袭这一原则，摆正自己的位置，将自己的角色定位为世界公民，进一步亲近世界个体，而不是放大区域差异。另一方面，遵从这一原则就能给读者提供广阔的思考空间，不被拘束于一隅。比如，女孩成人礼一章中，泰勒大致展示了女孩成人礼的各个细节并且在后一章紧接着展现男孩成人礼仪式。作者本可以在此处就男女在传统文化和仪式中不平等的问题大做文章，但只字未提。无疑，是要保留自己对传统的看法。一方面考虑到本书是概论性的介绍而不是评论类书刊；另一方面是为了给读者留下更多个人思考空间。因此读者在阅读中文译本时，应该大胆思考，有理据地批判。批判外在，也批判内我。

曾芳芝

2015 年 10 月　北京